EUROPA
VERLAG

HARIBO

Anne Wolf   Fabian Leitner

schön süß

Fünf Jahrzehnte Kultsüßigkeiten

Europa Verlag Hamburg · Wien

Die Deutsche Bibliothek – CIP-Einheitsaufnahme
Ein Titeldatensatz für diese Publikation ist bei
Der Deutschen Bibliothek erhältlich

Erstausgabe

Lektorat: Imke Sörensen
Umschlaggestaltung: Kathrin Steigerwald, Hamburg
Umschlagfoto: PEZ International AG, Österreich
Abbildung hintere Umschlagklappe: Kraft Foods Deutschland GmbH & Co. KG
Layout: Ulrike Theilig | Das Herstellungsbüro
Druck und Bindung: Clausen & Bosse, Leck
ISBN 3-203-84070-7

Informationen über unser Programm erhalten Sie beim
Europa Verlag, Neuer Wall 10, 20354 Hamburg
oder unter www.europaverlag.de

Inhalt

Können Sie sich etwas Süßeres vorstellen, als ein
Nußdessert
oder auch ein Nußhäufchen,
Relief oder
Marzipannußrelief,
THÜRINGER SPEZIALITÄTEN
Feinste Pralinen in zarter Schokolade

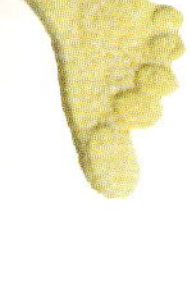

Liebe Näscher und Näscherinnen,

bevor Sie weiterblättern, um in die wunderbare Welt der Kultsüßigkeiten einzutauchen, seien einige Anmerkungen in eigener Sache gestattet. Die Autoren von »schön süß« sind weder lakritzsüchtige Beatniks noch Bonbons vertilgende Supertanker. Obwohl zugegebenermaßen die Versuchung in den letzten Monaten groß war, die zu beschreibenden Leckereien an Ort und Stelle zu verinnerlichen, haben wir uns zurückgehalten – den Lesern zuliebe und weil dieses Buch sonst viele leere Seiten hätte.

Allein im Jahr 2000 haben die Bundesbürger pro Kopf über 13 Kilogramm Naschzeug verzehrt und damit mehr als eine Milliarde Euro für Schokoriegel, Gummibärchen & Co. ausgegeben. Die Unternehmen auf der anderen Seite stecken jährlich weit über 500 Millionen Euro in die Werbung, ein Aufwand, der nur in wenigen anderen Branchen betrieben wird.

Grund genug, sich einmal ausführlich mit Geschichte und Geschichten rund um die legendärsten Süßigkeiten zu befassen. Zumal die süßen Träume, nicht anders als Bikinis, Einbauküchen und TV-Serien, fester Bestandteil unserer Alltagskultur und Konsumgewohnheiten geworden sind.

Der vorliegende Band versteht sich dabei als ein buntes Forum für eine Vielzahl von heiß geliebten No-Names und geradezu monumentalen Markenklassikern, mit deren Farben, Formen und Aromen wir aufgewachsen sind. Von Prickel-Pit, der Nasch-Ikone der Fünfziger, über die Schlagersüßtafel made in GDR bis zu den angesagten Chupa Chups der Gegenwart streift er durch die Produkt- und Markengeschichte und führt tief in den deutschen Alltag der letzten 50 Jahre hinein. Zwischen den Zeilen schließt »Fünf Jahrzehnte Kultsüßigkeiten« daher auch einen Blick auf den deutsch-deutschen Süßwarenkonsum mit ein, der bei aller Verschiedenheit in Ost und West vom Rohstoffmangel in der Nachkriegszeit zum kleinen und großen Schlemmen geführt hat.

Ganz so wie wohlige Düfte unsere Erinnerung stimulieren, soll mithilfe der Texte und Abbildungen ein Zeitmosaik entstehen, sodass sich zwischen Vorratskammer und Schulhof möglichst viele Assoziationen ergeben. Mit etwas Fantasie erinnert sich manch ältere Leserin an die raren Glanzbonbons der Fünfziger; dem heute Dreißigjährigen fällt beim Bounty-Knalleffekt das anerkennende Lächeln eines längst vergessenen Jugendschwarms aus der Grundschule ein. Selbst die Atmosphäre im elterlichen Wohnzimmer anno 1977 mag beim virtuellen Geschmack von Quality-Street-Konfekt für manchen wieder auferstehen.

Da Erinnerungen – nicht anders als geliebte Süßigkeiten – nur begrenzt teilbar sind und die Unübersichtlichkeit des Süßwarenmarktes die Autoren zu einer Auswahl gezwungen hat, erhebt das vorliegende Naschmachwerk keinen Anspruch auf Vollständigkeit. In diesem Zusammenhang sei auch darauf hingewiesen, dass auf Eis, Back- und Saisonwaren ganz verzichtet werden musste, weil dies den Umfang des Buches gesprengt hätte.

Mit zum Teil seltenem historischen Bildmaterial aus Firmenarchiven, Museen und von privaten Leihgebern werden auf den 128 Seiten die verschiedensten Praktiken des Naschens dokumentiert, Naschfantasien beschrieben und so mancher totgeglaubte Klassiker unter den Drops aus den tiefer gelegenen Verkaufsregalen ins Bewusstsein unserer Geschmacksnerven zurückgeholt. Neben solchen Nostalgieprodukten werden auch Trendsüßigkeiten aus den Hightech-Labors präsentiert. Selbst die Lust am Süßen als Kunst der Verführung wird thematisiert. Ein kleines Brevier der Umgangsformen weist auf die spannungsreiche Beziehung zwischen Mensch und Süßigkeit hin, die sich in einfallsreichen Ritualen des Genusses niederschlägt.

All diese Welten hinter dem Glanz der Werbegrafik und dem Geschmack des Süßen haben nicht ganz zufällig ihre Spuren in »schön süß« hinterlassen. Denn, so viel steht fest, nicht nur der Teufel – und selbst der ist ja bekanntlich aus Weingummi –, auch der Kult des Süßen steckt im Detail.

Viel Spaß beim Blättern, Erinnern und süßem Träumen
Anne Wolf und Fabian Leitner

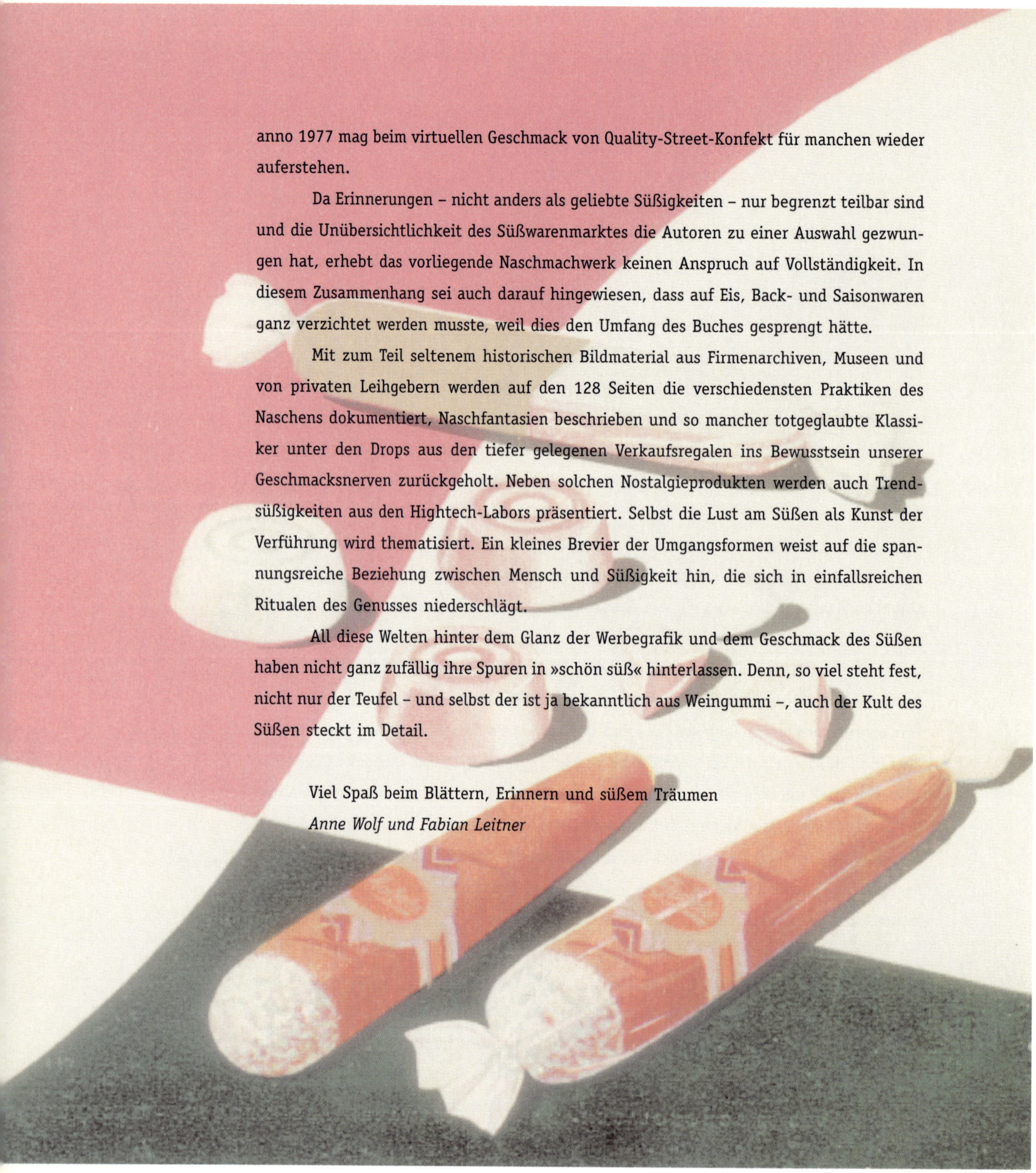

Süßes Brevier

Zu Beginn des 21. Jahrhunderts ist die Verwirrung größer denn je. Die süße Angebotspalette wird mit jeder Stunde unübersichtlicher; auch Experten überblicken nur noch mit Mühe die Vielfalt der Formen, Farben und Aggregatzustände. So mancher Zeitgenosse ist verunsichert: Sind Liebesperlen das Richtige fürs erste Date? Wie verhalte ich mich, wenn mir ein Hansematz begegnet?

Kein Grund zu verzweifeln. Wie bei allem im Leben genügen auch hier einige Regeln, mit denen sich der Süßwarenfreund überall und jederzeit sicher bewegt. Gutes Benehmen unter Näschern ist nicht gering zu achten, sondern von alters her ein Anliegen von höchstem Rang.

Auf der Suche nach Lebensfreude und Wohlbefinden hält der Mensch nach Naschwerk Ausschau; die Süßigkeit hingegen will gegessen werden. Dieses verbindende Element kann allerdings nicht darüber hinwegtäuschen, dass Mensch und Süßigkeit sehr verschieden sind. Um die Kluft zwischen ihren unterschiedlichen Perspektiven zu überbrücken, haben sich in der langen Zeit ihres Zusammenlebens Gepflogenheiten entwickelt, die ein zivilisiertes Miteinander ermöglichen. Viel zu oft ist pure Unwissenheit der Grund für Missverständnisse und Irritationen. Grundlegende Kenntnisse über das Wesen der Süßigkeit sind deshalb genauso ratsam wie angemessene Umgangsformen. Ob schaumig oder fest, quadratisch oder rund, die Beschaffenheit entscheidet, wie sich Mensch und Naschwerk begegnen.

Es ist nicht Absicht dieses Leitfadens, eine spießbürgerliche Etikette zu propagieren. Ganz im Gegenteil: Denn auch wenn man nicht jede Süßigkeit gleichermaßen lieben kann, sollte ein wenig Sensibilität schon sein. Kaum zu glauben, welch positive Geschmackserfahrungen sich mit Unvoreingenommenheit und Neugierde machen lassen!

Süßes Know-how ist also heute mehr denn je gefragt, egal ob bei Arbeit, Sport oder Spiel. Im Einzelfall kommt es natürlich immer auf die eigene Persönlichkeit an. Und selbst wenn mal etwas schief läuft und man einem Honigbonbon auf den Leim geht – halb so wild, denn dieses Brevier bietet eine Menge Informationen, Tipps und Denkanstöße, um sich in der faszinierenden Welt der Kultsüßigkeiten zurechtzufinden. Daher zum Auftakt 13 goldene Wegweiser, die für eine echte Naschkatze unverzichtbar sind.

1.

Zum A und O des guten Tons gehört es, Näschereien, die mit B, L oder S beginnen, stets die größte Aufmerksamkeit zu widmen. Candy-Knigge empfiehlt: Von A bis Z alles aufessen!

2.

3.

Um sich in der Welt von heute zurechtzufinden, braucht der Mensch klare Linien: Wie ein roter Faden durchziehen daher Erdbeer-Fruchtschnüre die Irrungen und Wirrungen unseres Alltags. Richtig ausgewickelt weisen sie den Weg aus dem Labyrinth. Zumeist führt er direkt in den Mund.

Ganz schön zackig. Dieses markante Outfit macht es selbst auf größte Distanzen leicht, die Nappo-Raute im Gewusel der Schoko-Vierecke zu sichten. Eine Eigenschaft, auf die vor allem notorische Supermarktflaneure mit Hang zum Kassenschluss setzen.

4.

Gleichmäßigen Genuss verschafft unserem Dasein die vertraute Form des Schokoquadrats. Seit Jahrzehnten mit vier attraktiven 90-Grad-Winkeln ausgestattet, bringt es von Traube-Nuss bis Joghurt-Crisp alle Sehnsüchte auf eine einzige Formel: quadratisch, praktisch, gut.

5.

Was es mit einer soliden Dreiecksbeziehung auf sich hat, ist im Laufe der Geschichte höchst unterschiedlich definiert worden. Pythagoras behauptete: $a^2 + b^2 = c^2$. Für Wassily Kandinsky mussten Dreiecke gelb sein. Bei Theodor Tobler hingegen hat sich glücklicherweise die Überzeugung durchgesetzt, dass zur Flächenbestimmung eines Trigons Vollmilchschokolade, Honig und Mandeln unverzichtbar sind.

6.

7.

8.

Das Zeitgeschehen zieht auch auf süßem Terrain seine Kreise: Euro statt D-Mark, Franc und Lira. Einen Taschenrechner braucht man für die Schoko-Penunsen aber nicht. Der Umrechnungskurs beträgt glatte 1:1. Alles in allem eine runde Sache.

Schokometrie für jedermann: Die von einer Goldfolie umschlossene Menge süßer Partikel heißt seit 1984 Rocher. Die Rocher-Fläche ist die Menge aller süßen Partikel des Raumes, die von einem Fixpunkt, dem Nusszentrum, einen festen Abstand haben.

Ein Muss bei gehobenen Anlässen: der Zylinder. Ob kanariengelb, rot gefüttert oder in sich gedreht, der Mann – und auch die Frau – von Welt zeigt Geschmack.

Es gibt Zeiten, da lebt der Mensch von der Hand in den Mund. Erst liegen die kleinen Prickelelemente unschuldig da und tun, als könnten sie kein Wässerchen trüben. Kommen sie dann mit dem feuchten Nass in Berührung, explodiert, brodelt und zischelt es wie in Düsentriebs Labor. Brause ahoi!

9.

10.

11.

Es scheint eine anthropologische Konstante zu sein: Menschen kauen gerne auf allerlei plastischen Substanzen herum. Unsere Vorfahren probierten das Harz des Mastixbaumes aus. Das war ganz okay, aber richtig schöne Blasen konnte man damit nicht machen. Es mussten erst einige tausend Jahre ins Land gehen, bis jemand auf die ziemlich gute Idee kam, Kaugummi zu erfinden.

Marshmallows sind eher passive Zeitgenossen, gutmütig, ohne Allüren, und darum verlässliche Begleiter, die sich allen Launen anpassen. Gefahrlos lassen sie sich ziehen, kneten und verbiegen. Kein Wunder, Aufschlagmittel und Luft haben sie aufgeschäumt, bei niedriger Dichte wurde ihre Masse bei etwa 40 Grad extrudiert und nach der Kühlung über einer Dressiervorrichtung ausgeformt. Zähe Burschen, von Anfang an.

So trendy wie persönliche SMS-Logos auf dem Handydisplay, so fett müssen auch Süßigkeiten rüberkommen. Mit lahmen Lutschern auf dem Skateboard braucht man bei den Freunden gar nicht erst vorzufahren. Wer etwas auf sich hält, der löffelt aus den Tiefen seiner Baggy Pants die Spraydose. Für ein cooles Graffiti? Nein, nur Naschkram in einem voll korrekten Aggregatzustand. Wahlweise bringen es auch Gums aus der Tube oder Freaky Splashs.

12.

13.

14.

15.

Last but not least:
Nimm zwei, besser noch
ganz viele.

Abends an der TeleBar

Die eigenen vier Wände sind eine Bastion der Süßigkeit. Hier sind die größten Vorräte zusammengerafft, und mit lieben Menschen zu teilen fällt nicht ganz so schwer.

Vorausgesetzt, die Koordinaten stimmen. Die ersten Wirtschaftswunderjahre im Westen bringen nicht gleich den Wohlstand für alle. Und in der DDR bleiben Versorgungsmängel noch lange ein Problem. Hüben wie drüben versprechen Neubauten Lösungen für die schwierige Wohnsituation. Hygienisch, effektiv, komfortabel. Die Küchen sind klein, Kinder sollen eigene Zimmer haben. Die Trennung von Schlaf- und Wohnzimmer wird Standard. Deshalb kann sich das gesellige Geschehen im Wohnzimmer konzentrieren, hier erlebt man alle Höhen und Tiefen des Familienlebens. Meistens sind es natürlich die Höhen, denn wir befinden uns ja in einer Wohlfühllandschaft. Kleine Einschränkung: Im Reich der mittig eingekeilten Sofakissen ist Zurückhaltung gefragt. Krümeln oder Schmieren ist nicht so gern gesehen. Flecken auf den gestärkten Deckchen führen geradewegs zur Verbannung in die abwischbaren Regionen der Behausung.

Diesem Biotop zwischen Biederkeit und Wohnmaschine entsprießen irgendwann bunte Kunststoffmöbel, wild gemusterte Tapeten und zottelige Flokati-Wiesen. Unbeschwerter Konsum und leichthändiger Umgang mit dem Oberflächlichen kennzeichnen den Zeitgeist. So leger wie die Lebenseinstellung ist auch die Bewältigung des reichhaltigen Angebots an Schleckereien aller Art. Wenn jetzt etwas auf das braune Breitcordsofa krümelt, ist das nur noch halb so schlimm.

Nach dem Farbenkoller darf es dann ein bisschen dezenter sein. In den letzten Dekaden bedeutet schöner wohnen Edelstahl und Glas. Das Design bestimmt das Bewusstsein. Dem entspannten Verhältnis zu Süßigkeiten in den eigenen vier Wänden tut das natürlich keinen Abbruch. Im Gegenteil: In hedonistisch geführten Haushalten ist ungenierter Genuss die Maxime. Hinter diese Lässigkeit gibt es von nun an kein Zurück mehr. Jeder nascht zu Hause, wie er möchte.

Mit den Neubauten der fünfziger und sechziger Jahre ersetzen kleine Küchen die großzügig geschnittenen Wohnküchen vergangener Tage. Der Esstisch muss ins Wohnzimmer, an seine Stelle tritt die Arbeitsplatte mit eingelassener Spüle und Beistellherd. Einbauküche heißt fortan das Einrichtungskonzept, mit dessen Hilfe man die fehlenden Quadratmeter zu kompensieren sucht. Wer sich auf Süßigkeitenexpedition durch Mutters Proviantlager begibt, der muss sich schon auf die Trittleiter stellen, um in den oberen Etagen der resopalbeschichteten Hängeschränke sein Glück zu machen. Das Familienoberhaupt zieht es vor, beengte Platzverhältnisse wie diese zu meiden. Dagegen gönnt sich die moderne Frau zu den Klängen des Kofferradios ein Stück Schlagersüßtafel vor dem Abwasch (und vielleicht auch noch eins danach).

In den sechziger Jahren etabliert sich der Fernseher in westdeutschen Wohnzimmern nach und nach als fester Bezugspunkt der Kommunikation. Kein Wunder, dass die Süßwarenindustrie nachzieht und Produkte entwickelt, die eigens für das gemütliche Beisammensein vor dem TV-Gerät bestimmt sind. Zum Beispiel die TeleBar mit ihren dragierten Nüssen in sechs Portionsfächern. Praktisch für die moderne Hausfrau, die nicht mehr mit Schälchen hantieren muss.
Jeder kann bequem zugreifen; theoretisch zumindest. Denn nicht selten gelingt es dem jüngsten Familienspross, in Pyjama und warme Socken verpackt scheinbar harmlos auf dem Teppich lümmelnd, die TeleBar zu plündern, während der Familienanhang im Bann der Mattscheibe vergisst, seine berechtigten Ansprüche geltend zu machen. Mit folgenschweren Nachlässigkeiten wie diesen ist vor allem in Sternstunden deutscher Fernsehunterhaltung zu rechnen.
Ob beim skandalösen »Wünsch dir was« mit Dietmar Schönherr und Vivi Bach oder dem bizarren Städteturnier »Spiel ohne Grenzen« – selten ließ sich im Kreise seiner Lieben so ungestört eine komplette Familienpackung leeren wie im televisionären Pleistozän der Gameshows.

Um 1970 besitzen auch in der DDR über vier Millionen Haushalte ein Fernsehgerät, und auch wenn der eigene Trabi oder der eigene Telefonanschluss für viele noch ein Wunschtraum bleibt, in Sachen gepflegter Fernsehkultur können es die Deutschen im Osten mit ihren westdeutschen Nachbarn allemal aufnehmen. Gemeinsam in die Ferne blicken ist fester Bestandteil des Familienlebens.

Wer seine Fernsehantenne nicht gerade westwärts ausrichtet, der entspannt sich bei hausgemachten Programmofferten. Gibt man sich beim »Polizeiruf 110« am besten gleich die Hallorenkugel, passen bissfeste Knusperflocken prächtig zur lockerflockigen Unterhaltung aus dem »Kessel Buntes«.

Noch nie gab es so viele Sonntagsmuffel wie heute. Tag sieben öde zu finden ist eigentlich ganz schön dekadent. Immerhin werden an diesem Tag all die guten Sachen aufgetischt, die man alltags kaum zu sehen bekommt. Außerdem ist es gar nicht lange her, dass die 38-Stunden-Woche nur ein Wunschtraum war. Vor allem am Sonntag erholte man sich von den Anstrengungen der Arbeit. Ob mit Kirchgang oder ohne, man nahm sich Zeit für Geselligkeit und Familienbande. Inmitten frugaler Vergnügungen musste es an der Kaffeetafel unbedingt extravagant edel zugehen, so in Richtung Mokka-Sahne-Trüffel-Krokant-Konfekt.

Der Sonntagnachmittag im Kreise der Familie, Freunde und Nachbarn folgt einer ganz eigenen Dramaturgie, die gewisse Steigerungen enthalten muss. Hat sich das ruhige Kaffeekränzchen erst mal zu einem lebhaften Kaffeeklatsch ausgewachsen, an dessen Horizont sich bereits ein bewegter Spieleabend abzeichnet, trumpfen die Gastgeber mit Hochprozentigem auf.

Für den Gast das Beste: Seit 1957 trägt das Praliné mit Likör und Piemont-Kirsche zur gelungenen Damenrunde bei. Aber nur von September bis Mai, dazwischen macht Mon Chéri Pause. Für alle Fans eine schokoladige Trockenzeit.

Wir lieben DIN-A3-Poster italienischer Renaissance-Meister im Schlafzimmer, schätzen Bücherregale aus Skandinavien und lagern unsere Schmelzkäseecken in amerikanischer Tupperware. Wie aber sieht es mit dem britischen Beitrag zur hiesigen Alltagskultur aus? Die feine englische Art kommt im kleinen Schwarzen zu uns nach Hause. Angetan mit einem hauchdünnen Papiermäntelchen entführen einen die schmalen Chocolate Mints bei einer guten Tasse Tee in die Welt traditioneller Gediegenheit, fast so wie im Haus am Eaton Place.

Dem Autor von »Peter Pan«, Sir James Matthew Barrie, verdanken wir auch Quality Street. Nach seinem Theaterstück um Major Quality und dessen Verlobte Sweetie benannte John Macintosh 1936 eine schmackhafte Mischung aus Chocolates und Toffees.

Ist die schmucke Dose erst einmal geöffnet, sind die Bonbons ratzfatz aufgegessen. Unter Tante Hildas Obhut allerdings wird das viktorianische Rund im Laufe der Zeit zur Büchse der Pandora. Sie beschert so manchem Gast ein unerwartetes Wiedersehen mit den Zimtsternen des Vorjahres.

Ältere Schwestern können ziemlich doof sein. Erst recht, wenn man sich mit ihnen das Zimmer teilen muss. Ständig kleben sie vor dem Spiegel und tun immer so geheimnisvoll mit ihrer besten Freundin. Wenn man sie aber nach Schulschluss mit Falk Schorske Händchen haltend an der Bushaltestelle gesehen hat, werden sie richtig nett. So nett, dass mitunter eine halbe Tafel Bambina-Schokolade inmitten der Bauklötze landet, während man gut gelaunt mit dem Fröbel-Abraumbagger das Schnatterinchen überfährt.

Welch ein magischer Augenblick, als die Eltern eines Tages mit dem aufblasbaren Hustinetten-Bären in der Kinderzimmertür auftauchten. Der grinsende Ursus latex wurde augenblicklich zum treuen Gefährten auf Tauchfahrten durchs Fichtennadel-Schaumbad. Mit seiner schwächlichen Konstitution ging ihm leider ziemlich bald die Luft aus. Doch auch geplättet hatte man ihn noch sehr lieb. Auf die Hustenbonbons gleichen Namens konnte man übrigens getrost verzichten, denn die waren bei influenzageschwächten Erwachsenen deutlich besser aufgehoben.

Nichts motiviert stärker als viele viele bunte Smarties, binnen 4½ Minuten das Kinderzimmer aufzuräumen. In denkwürdigen Augenblicken wie diesen wird das Raum-Zeit-Materie-Verhältnis völlig neu definiert. Wo eben noch das Chaos herrschte, da verschwinden wie von Geisterhand LEGO-Steine und Barbie-Accessoires unterm Bett, landen Stofftiere in der Dash-Trommel und Zack-Comics im Kleiderschrank.

Zu den Highlights des Jahres zählen zweifelsfrei der Kindergeburtstag und das damit einhergehende Süßigkeiteninferno. Daran hat sich seit 1950, als Lakritzpfeifen noch schwer angesagt waren, wenig geändert. Tage vorher bereits wirft das Spektakel seine Schatten voraus. Einladungskarten müssen gebastelt werden, die Gästeliste will gut überlegt sein, Kuchen und Naschkram müssen her. Am Tag X, genauer gesagt um 15.30 Uhr mitteleuropäischer Zeit, gibt es dann kein Zurück mehr. Erwartungsfroh tobt eine krakeelende Gästeschar durchs Wohnzimmer, furiose Gewinnspiele wollen koordiniert und mittelschwere Zänkereien geschlichtet werden. Am Ende eines langen Tages bleibt für alle Beteiligten die Vorfreude aufs nächste Mal.

Kaaaalt! Warm! Noch wärmer! Heiß, gaaanz heeeiiiß!!!! Kein Echolot ortet präziser als ein Haufen ausgeflippter Rangen beim Topfschlagen. Ein wichtiges Spiel, stärkt doch dieser pädagogische Geburtstagsklassiker ganz beiläufig das Körpergefühl und den Gerechtigkeitssinn junger Menschen. Im Wesentlichen geht es darum, mit verbundenen Augen löffelschwingend durch die Gegend zu robben, um am Schluss auch noch dafür belohnt zu werden, der Mutter des Gastgebers gegen das Schienbein geklopft zu haben. Wenn der Topf gefunden ist, darf man den darunter verborgenen Schatz einsacken. Was nicht sofort dem Siegestaumel zum Opfer fällt, wandert in die obligatorischen Naschtüten, deren Inhalt nach Vielfalt und Menge auf dem Heimweg aufmerksam abgeglichen wird.

Wäre der Schokokuss nicht so schaumig leicht, könnte man ihn als eine Art Urgestein des Kindergeburtstags bezeichnen. Political Correctness hat ihn davor bewahrt, wie seine Kollegen, das Kongobrot und die Negerzunge, in Vergessenheit zu geraten. Das Gegenteil ist der Fall: Dem schokogewandeten Luftikus gehört die Zukunft. Aller Voraussicht nach werden sich auch im Jahre 2071 quietschvergnügte Kinder um einen Tisch versammeln und mit den Händen auf dem Rücken den Schokokuss-Schnelless-Wettbewerb starten.

Treppe runter, rechts am Heizungskeller vorbei bis zum Ende des Ganges gegenüber der Waschküche. Mit dem Retroboom der neunziger Jahre verlegen hippe Zeitgenossen ihre Partys gerne wieder ins Kellergeschoss. Der Partyraum erlebt ein furioses Comeback. Wo vor 20 Jahren die Eltern im holzgetäfelten Ambiente zwischen gravierten Zinntellern und tikigestylter Bar ausgelassene Polonaisen schoben, da feiert der Nachwuchs heute zu elektronisch verstärktem Easy Listening bis in die frühen Morgenstunden. Natürlich muss alles schön authentisch sein: Lederne Bierdeckel mit fremdsprachigen Trinksprüchen und Lichtorgel sind ebenso unverzichtbar wie Käsespießchen auf Weintraube. Die trendigsten Gastgeber aber kredenzen zum Chill-out eine Hand voll Schokokapseln on the rocks.

Let's Gummi-Twist

So wie bestimmte Süßigkeiten am besten zu Hause schmecken, entfalten andere erst draußen ihren ganzen Charme. Egal ob auf Straße, Schulhof oder Spielplatz, in der Fußgängerzone oder am Dorfteich – das Open-Air-Naschen hat seine ganz eigenen Legenden hervorgebracht. Auf diesem Terrain können selbst No-Names Kultstatus erreichen.

Bedenkenträger verschiedenster Couleur betonen immer wieder die »verderblichen« Einflüsse der »Straße«, seien es die missratenen Kinder aus der Nachbarschaft, das grassierende Gammlertum oder sonstige Auswüchse des Asphaltdschungels. Aber die Straße ist viel besser als ihr Ruf. Sie ist eine turbulente Erlebniswelt, die dem Näscher täglich neue Eindrücke beschert. Vor allem der junge Süßigkeitenfreund lernt hier, zu beobachten, Situationen zu erfassen, blitzschnell zu reagieren und sich nicht unterkriegen zu lassen. Das gilt für den Umgang mit Süßwarenautomaten ebenso wie beim Entfleuchen der letzten Schokorosine durchs Gullygitter.

Den Nachwuchs zieht es auf die Straße, weil es ab und zu einfach gut tut, sich der Kontrolle durch die Familie zu entledigen. Mit Freunden unter sich sein, lässig an Kaufhausecken abhängen, an der Bushaltestelle noch schnell die Hausaufgaben abschreiben, Passanten nachäffen und vor allem unglaublich cool sein, das sind allesamt Erfahrungen, die für das weitere Leben von großer Bedeutung sind.

Die große Freiheit stößt mitunter jedoch an Grenzen. Bis in die sechziger Jahre hinein werden öffentliches Rauchen, Küssen und Kaugummikauen als anstößig empfunden. Vor allem bei Mädchen sieht man die anmutigen Züge durch Kieferakrobatik und große Kaugummiblasen verunstaltet. Zudem kommt die Frischluftbegeisterung nicht immer nur aus freien Stücken. Das Schlüsselkind ist als soziale Figur Ausdruck des gesellschaftlichen Wandels, den die Berufstätigkeit beider Elternteile mit sich bringt. In der leeren Wohnung kann es schon mal langweilig werden, erst recht, wenn Mutters handgeschriebener Tagesplan nach dem Mittagessen noch Katzefüttern und Staubsaugen vorsieht. Dem erlösenden Klingelzeichen seiner Freunde leistet man deshalb nur allzu gerne Folge – wartet draußen doch schon das nächste Abenteuer und mit ihm die abgefahrensten Süßigkeiten.

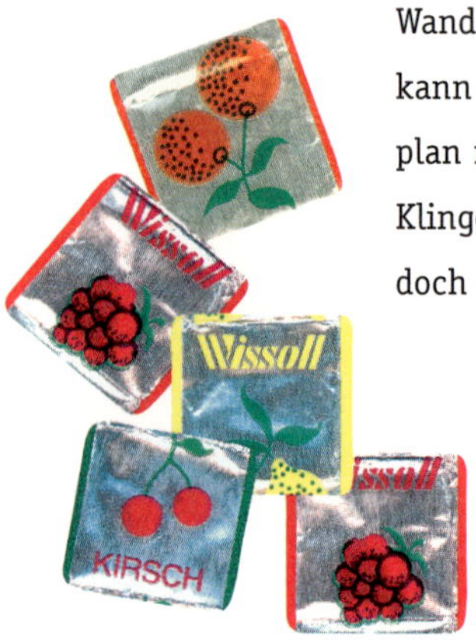

Kult meets Kult: Einen Schokoriegel in der Öffentlichkeit zu verdrücken, ist immer auch eine Imagefrage, und dazu braucht es ein schnittiges Vehikel. Was war in den Siebzigern geeigneter als ein Bonanza-Fahrrad! Allerlei Extras wie Chopper-Lenker, Bananensattel und ein wehendes Fuchsschwanz-Imitat ließen das Gefühl aufkommen, eine richtig schwere Maschine zu steuern. Platz für fantasievolles Styling boten insbesondere die Speichen: Manche Leute favorisierten Bierdeckel, andere bunte Trinkhalme. Näher liegend war es, in die Packung Kinder-Schokolade zu greifen und daraus das Fix-und-Foxi-Speichentuning hervorzuzaubern.

1952 ist das Spielen auf der Straße noch ziemlich ungefährlich. Autos fahren nur selten vorbei, und den paar Erwachsenen, die mit ihren Kohleneimern meckernd den Bordstein kreuzen, lässt sich in der Regel spielend ausweichen. Gefahr droht höchstens von Stolperfallen beim Gummi-Twist oder Seifenkisten, die mit Karacho das Straßengefälle heruntergebraust kommen.

In diesem Idyll finden Straßenkinder die notwendige Muße, sich in die Ornamentik der Salmiak-Pastille zu versenken. Sternförmig auf den Handrücken geklebt, kann ein ganzer Vormittag damit vergehen, sechs kostbare kleine Rauten wieder abzuschlecken.

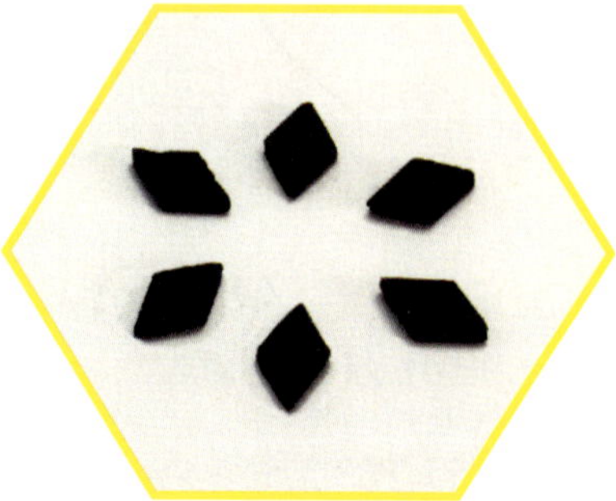

Backsteinschwingende Kinder prägen bis weit in die fünfziger Jahre das häufig noch marode Straßenbild. Dieser Steinschlag gilt weniger dem städtischen Wiederaufbau als einer sehr verbreiteten Spezialität: den Waldmeister-Bonbon-Blättern, im Volksmund auch Maiblätter genannt. Das Bonbon ist nicht nur ausnehmend fruchtig, sondern auch ganz schön hart. Um das heiß begehrte Grün unter einer Bande kleiner Strolche aufzuteilen, wird es auf der Bordsteinkante platziert und so mit einem Backstein bearbeitet, dass jeder einen köstlichen Splitter abbekommt.

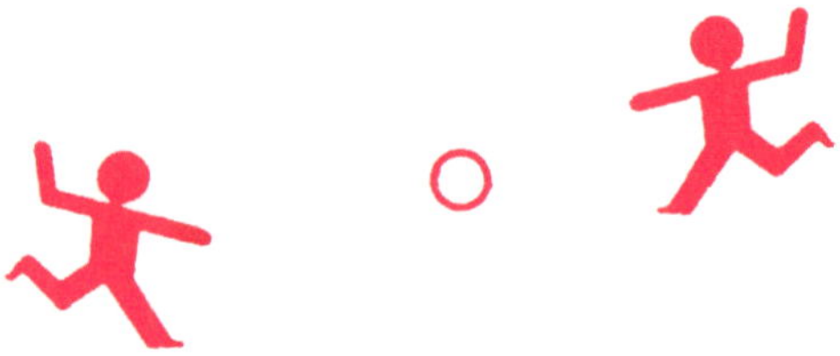

Bürgersteige zu Muschelbänken

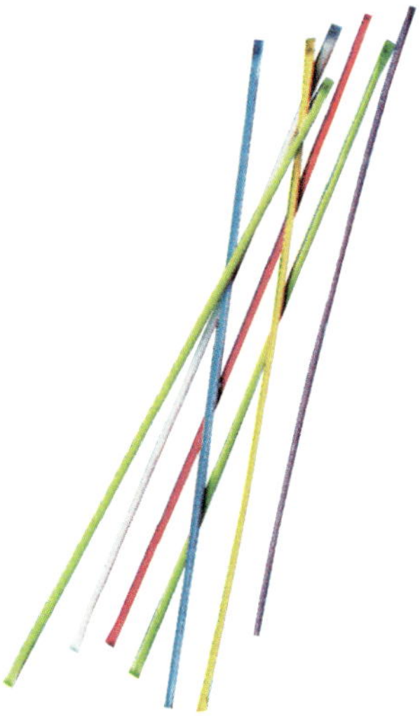

Verträumt an der Brausestange knabbern, zwischendurch ein bisschen saugen, dann wieder den Brausestab verknicken – das gehört zur Kindheit einfach dazu. Für ein paar Pfennige gibt's ewig langen Brausespaß. Und einen halben Meter Zahnabdrücke kann man auch noch hinterlassen.

Ein echter Hit: Perlipit. Aber für die Wirtschaftswunder-Generation ist Prickel-Pit der Inbegriff legendärer Süßigkeit. Prickel-Pit, das war nicht irgendein Getränkepulver, sondern ein Schleckbrause-Bonbon zum direkten Verzehr und in jedem Fall eine leckere Investition, auch für kleinste Taschengeldbeträge. Manchmal ließen sogar die Eltern eine Stange springen, natürlich mit der Auflage, sie beim Murmelspiel unten im Hof mit den Freunden zu teilen.

In der DDR gab es viel mehr süße Produkte, als im Westen gemeinhin angenommen wird. Allerdings erreichten die wenigsten einen landesweiten Bekanntheitsgrad, da vieles nur regional oder für kurze Zeit zu haben war.
Zu den raren Klassikern, die wirklich jeder kannte, gehörte seit Beginn der sechziger Jahre Pfeffi. Der kleine minzige Lutschmich war so beliebt, dass »Pfeffi« zu einem Oberbegriff für alle Komprimat-Produkte wurde. Gegenspieler, wie das aus gepressten Pfefferminzblättern hergestellte Wusil, hatten zwar auch klingende Namen, aber nie ernsthafte Chancen auf einen vergleichbaren Kultstatus.

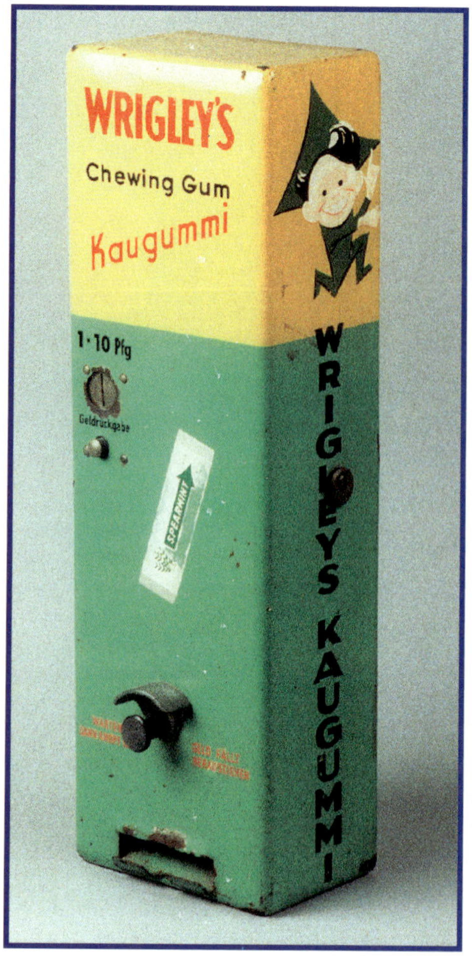

Automaten für den schnellen Zugriff auf Naschwerk gibt es schon seit dem Ende des 19. Jahrhunderts. Den ultimativen Boom erlebt das Geschäft mit den mechanischen Süßwarenspendern jedoch in den fünfziger und sechziger Jahren. Vor allem die Hersteller von Schokolade, Brause- und Pfefferminzprodukten nutzen sie nicht nur zum Verkauf, sondern auch als einprägsame Werbeträger. An Strandpromenaden und Bergstationen wissen vor allem Feriengäste die Vorzüge der Selbstbedienung zu schätzen. Ihren Mythos erwerben sich die bunten Metallboxen jedoch an windigen Straßenecken und auf tristen U-Bahnhöfen daheim. Dort bilden sie eine feste Anlaufstation im täglichen Wegenetz der Stadtkinder.

Die Aussicht, dass eines Tages die Überraschungs-Kugel mit dem Zauberflummi aus der Öffnung des Automaten kullert, ist unwiderstehlich. Wenn sich die Verheißung stattdessen in Form eines profanen Kaugummis materialisiert, wird dem Schicksal mit weiterem Kleingeld nachgeholfen.

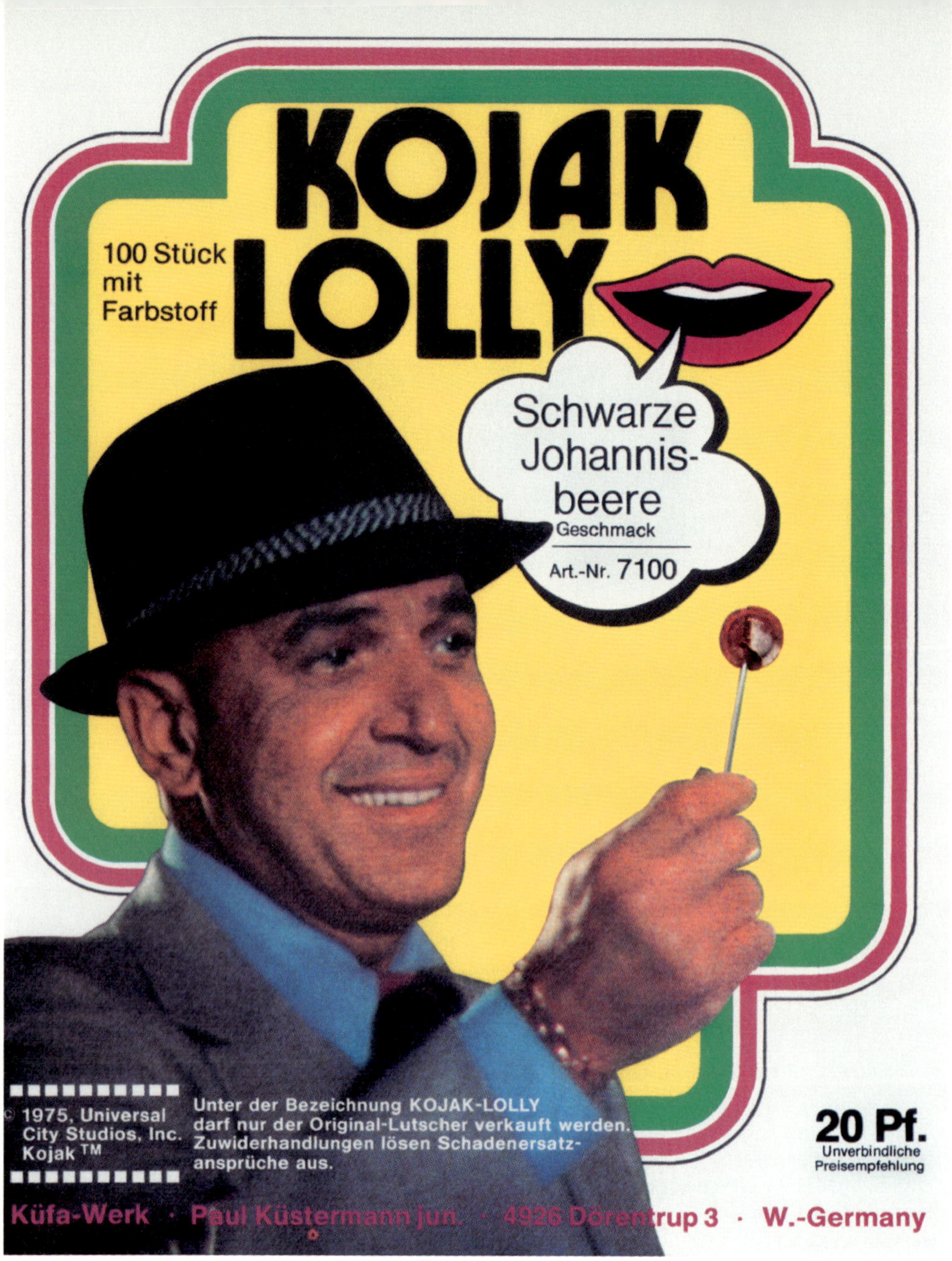

Wer in den Straßenschluchten der Großstadt seine Coolness glaubhaft rüberbringen will, braucht eine gehörige Portion Street Credibility. So wie jener Glatzenmann, der 1974 als Ganovenjäger sein Debüt beim »Einsatz in Manhattan« gab. Kojak lieh nicht nur einem Lutscher der Geschmacksrichtung Schwarze Johannisbeere seinen Namen, sondern machte die ausgestülpte Backe für eine ganze Weile zur notwendigen Insignie urbaner Männlichkeit.

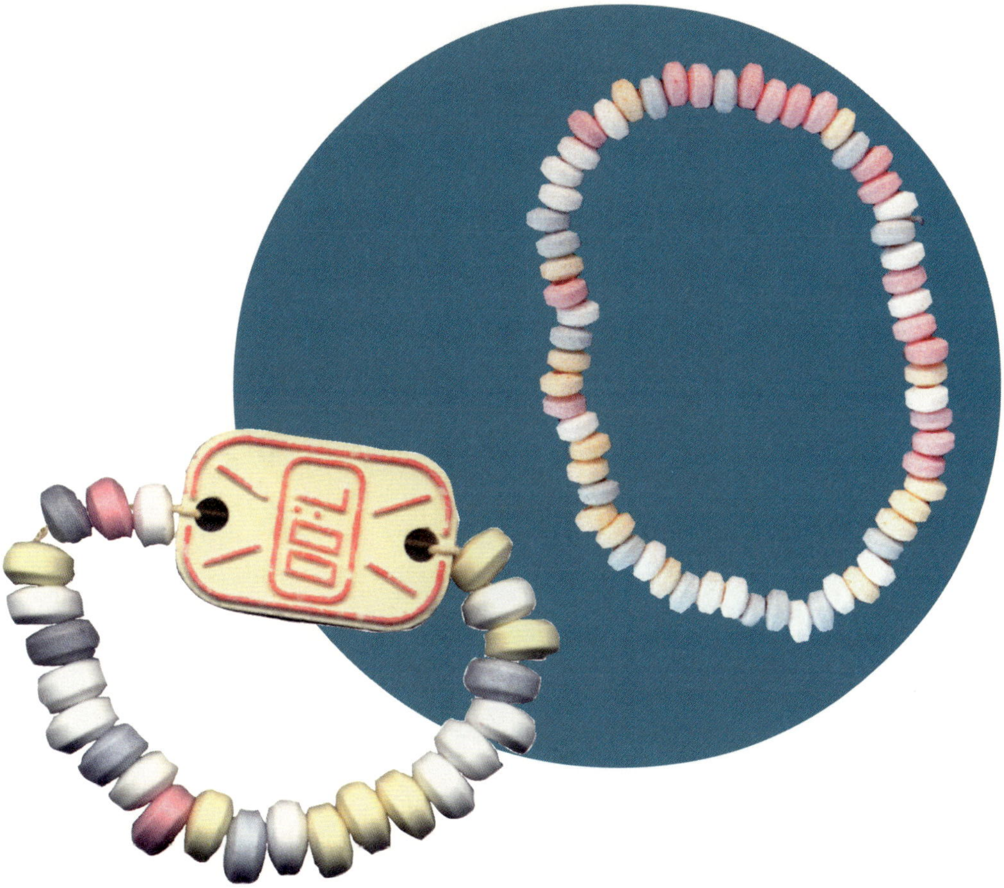

Mit der schicken Digital-Uhr zwischen den Zähnen spielt Zeit keine Rolle.

Wie viel wertvoller das eigene Perlengeschmeide gegenüber Muttis hässlichen Klunkern ist, erweist sich beim genüsslichen Knabbern am Handgelenk.

Einst galten herzige Tätowierungen auf den Oberarmen von Seemännern und Panzerknackern als Gipfel des Verwegenen. Wie klasse, dass man da mithalten konnte. Gab es doch als Kaugummi-Beilage Tattoos wie in echt! Zum Glück konnten die aber bis zum Abendbrot mit der Nagelbürste abgeschrubbt werden.

Auf Lunge essen: Ob Schokolade oder Kaugummi – Kinderzigaretten haben immer den Full Flavour. Ohne die lästigen Nebenwirkungen des Originals. Und nebenbei: Was gibt es Schöneres, als Erwachsene alle zwei Minuten um Feuer zu bitten.

Morgens halb zehn in Deutschland. Da freut man sich auf sein kleines Frühstück und muss schon beim Betasten des Brotpapiers entsetzt feststellen, dass es statt einer nahrhaften Tafel Schokolade wieder nur Schwarzbrot mit Teewurst gibt.

Um Ausgleich bemüht kamen findige Pädagogen auf die Idee mit den Schulmilch-Bons. Gegen Vorlage eines solchen Billetts sollte es fortan mal was anderes geben. Die Akzeptanz für das Modell Dickmilch und Boskop-Äpfel hielt sich unter den Schülern allerdings in Grenzen. Erst mit der Erweiterung des Sortiments um Vanille-Mix-Getränke und diverse Naschartikel bildeten sich plötzlich begeisterte Schlangen vor der Ausgabeluke im Pausenhof.

Raumpatrouille

Lollipop

Süßigkeiten verleiten zum Träumen und Fantasieren; sie stillen die Sehnsucht nach dem Außergewöhnlichen. Ein Biss genügt, schon taucht man ab in sein ganz persönliches Schlaraffenland.

Wenn ein Stückchen Zartbitter nicht mehr so recht inspiriert, benötigt man für den Trip in buntere Gefilde schon etwas Aufregenderes. Ist im Supermarkt der passende Reisebegleiter erst einmal aufgestöbert, kann sich jeder direkt und ohne Umwege in die entlegensten Welten hineinkauen. Einmal Zukunft und zurück, Vergangenheit und Paralleluniversen inklusive.

Lange Zeit waren brausende Untertassen das Haupttransportmittel auf derlei Entdeckungsfahrten. Mittlerweile gibt es eine ganze Reihe von Möglichkeiten, in unbekannte Sphären überzusetzen. Zugleich sind auch deren Bewohner in unsere Verkaufsregale eingezogen. Beeindruckend ist die Phalanx der Geschöpfe aus allen Himmelsrichtungen der Populärkultur, wie wir sie aus Kino, Büchern, Comics und Fernsehen kennen. In den letzten fünfzig Jahren hat sich das Angebot süßer Fantastereien so vielfältig entwickelt, dass man sich aus nahezu sämtlichen Sparten des Imaginären bedienen kann. SciFi, Horror, Fantasy, Abenteuer oder Märchen – für jeden Geschmack ist etwas dabei.

Eine Reise ins Übermorgen beschert dem Süßwaren-Abenteurer eine exklusive Vorschau auf das Dolce Vita künftiger Generationen. Technisches Know-how ist für Futuristen unverzichtbar. Wer sich hier nicht aufgeschlossen zeigt, wird Mühe haben, seinen spacigen Lutscher aus dem kleidsamen Tarnplastik zu befreien. Etwas vertrackt geht es mitunter auch bei Ausflügen in die Historie zu. Dort lassen sich zwar die Legenden der Vergangenheit besichtigen, aber spätestens seit »Zurück in die Zukunft« ahnt jedes Kind, dass wilder Aktionismus unabsehbare Folgen für die Gegenwart zeitigen kann. Wer weiß schon, welche Auswirkungen der Griff nach einem prähistorischen Gummibärchen auf Mitschülerin Sabine

haben würde? Doch warum durch die Zeiten schweifen, wenn das süße Abenteuer nur einen Lakritz-Happs entfernt liegt! Den meisten Erwachsenen ist die Existenz paralleler Gegenwartsuniversen unbekannt. Kleine Näscher hingegen sind dort beinahe täglich zu Besuch. Mit »Sailor Moon« und den Helden von »Dragon Ball Z« schmecken schrille Candys noch mal so gut. Kein Wunder – die Anziehungskraft des Fantastischen lässt sich mit Hilfe von Süßigkeiten spielend, lecker und ohne ernsthafte Risiken erleben.

Dass Weltenbummler mit der wahrscheinlich längsten Praline des Universums im Gepäck der bemannten Raumfahrt um Jahre voraus waren, beweist das oben stehende Dokument von 1973. Während die Besatzungen der Apollo- und Sojus-Missionen bei fieser Tubennahrung nicht mal ansatzweise auf intelligente Spezien trafen, konnten sich Duplo-Besitzer spannender Weltraumabenteuer sicher sein. Weil selbst die Energie galaktischer Riegel irgendwann schwindet, gab's zum Glück das Puzzle zum Nachspielen.

New-Age-Hippies haben sie gesehen, Trekkies und Frau Schmitz von gegenüber auch. Selbst der amerikanische Präsident wird bei seinem Amtsantritt routinemäßig über sie gebrieft. Obwohl Berichte von fliegenden Untertassen bereits aus dem 19. Jahrhundert bekannt sind, kommt erst in den fünfziger Jahren die UFOMBP-Begeisterung richtig in Schwung. UFOMBP, das steht für Unidentifizierte Fliegende Objekte Mit BrausePulver. Seither verbreiten die ellipsenförmigen Flugkörper aus pastellfarbenem Esspapier eine süße Massenhysterie, wo immer sie auftauchen.

Seit der Mondlandung 1969 wissen wir: Luna, oder zumindest ihre bessere Hälfte, besteht zu 100 Prozent aus rotem Fruchtgummi.

Im Osten was Neues: Am 4. Oktober 1957 schießt die UdSSR den ersten Satelliten in den Orbit. Alle Welt hört die Signale, der ostdeutsche Näscher fliegt mit.

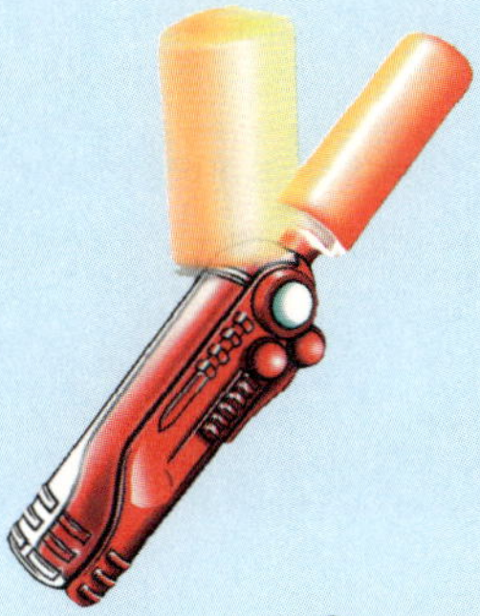

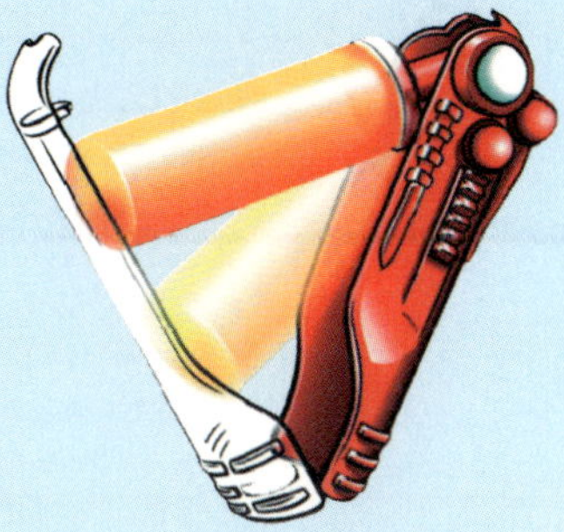

Ein schönes Beispiel für die Vielfalt süßer Geschöpfe sind Clicker Licker. Die hybride One-Man-Show entpuppt sich bei näherem Hinsehen als beseelter Lolli-Mix aus Roboter, Androide und Cyborg. Unter der transparenten Körperhülle erahnt man ein appetitliches Innenleben aus Pfirsich, Erdbeer oder Wassermelone.

Wer gelegentlich per Anhalter durch die Galaxis unterwegs ist, kennt diese Situation. Seit der letzten Supernova hat keiner mehr gehalten. Endlich bleibt mal einer stehen, erwartungsfroh reißt man die Luke auf. Reingefallen! Unter all dem degoutanten Weltraumgesindel, das sich auf den interstellaren Highways tummelt, muss es ausgerechnet ein schnöseliger Bodysnatcher sein, der noch ein Plätzchen frei hat. Nun ja, es ist kalt, und man will weiter.

Für den Fall allerdings, dass sich beim Fahrer auf den nächsten tausend Lichtjahren der kleine Hunger einstellt, sollte man einen Power Pop in Griffnähe haben – einfach aufklappen und dem Nebenmann als Alternativ-Snack rüberreichen. Das schmeckt und hält auf Abstand. Ist die brenzlige Situation überstanden, einfach Knopf drücken und den Astro-Lutscher in sein Futteral zurückfallen lassen.

»Blick ins Paradies«. Statt ausgedehnter Ausflüge in die Zukunft lassen sich mit Süßigkeiten auch köstlichste Abstecher ins Umland machen. Zum Beispiel per Zeppelin ins Grüne. In bester Indiana-Jones-Manier gilt es dort, durchs Dickicht zu kriechen, um dem Geheimnis der Pralette auf die Spur zu kommen. Lichtet sich nach unvermeidlichen Widrigkeiten endlich das Unterholz, wird der Wagemut reich belohnt. Plötzlich befindet man sich mitten in den Produktionsstätten feinster Pralinenkreationen.

Highnoon im Kinosessel: Wenn Wyatt Earp und Geißenpeter aufeinander treffen, müssen am Ende beide dran glauben.

1974 hält Westdeutschland den Atem an: Die Expedition »Spieltrieb« startet ihre Reise zum Mittelpunkt des Ü-Eis. Seither beglückt uns das vollmilchschokoladige Oval jedes Jahr mit einer neuen Kollektion von über 150 verschiedenen Spielereien.

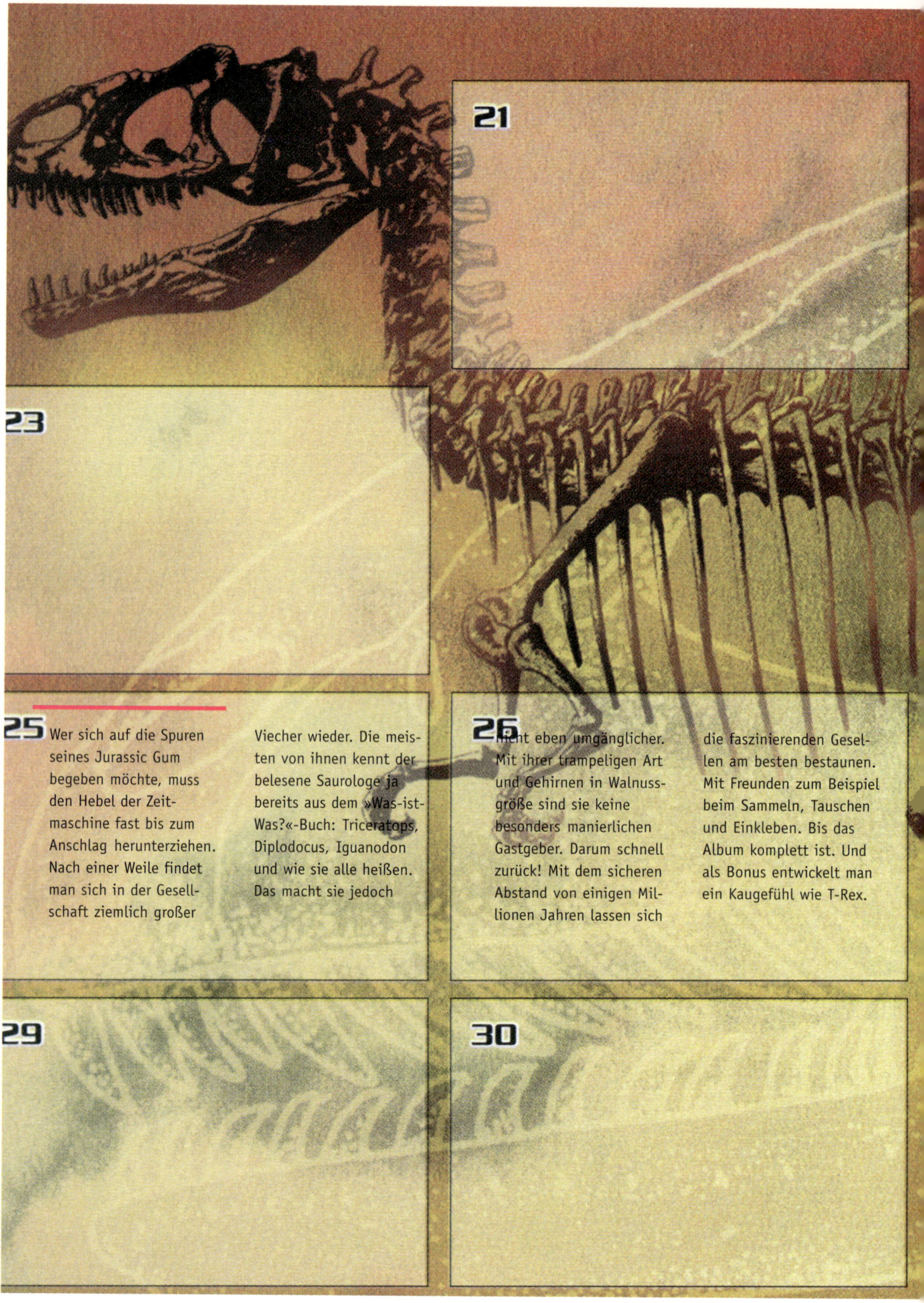

Wer sich auf die Spuren seines Jurassic Gum begeben möchte, muss den Hebel der Zeitmaschine fast bis zum Anschlag herunterziehen. Nach einer Weile findet man sich in der Gesellschaft ziemlich großer Viecher wieder. Die meisten von ihnen kennt der belesene Saurologe ja bereits aus dem »Was-ist-Was?«-Buch: Triceratops, Diplodocus, Iguanodon und wie sie alle heißen. Das macht sie jedoch nicht eben umgänglicher. Mit ihrer trampeligen Art und Gehirnen in Walnussgröße sind sie keine besonders manierlichen Gastgeber. Darum schnell zurück! Mit dem sicheren Abstand von einigen Millionen Jahren lassen sich die faszinierenden Gesellen am besten bestaunen. Mit Freunden zum Beispiel beim Sammeln, Tauschen und Einkleben. Bis das Album komplett ist. Und als Bonus entwickelt man ein Kaugefühl wie T-Rex.

JURASSIC PARK
AUTHENTIC
24
60 STICKERS TO COLLECT!
BUBBLE GUM
STRAWBERRY FLAVOUR
JURASSIC PARK
MIT 60 STICKERN ZUM SAMMELN
32

Alle für einen, einer für alle! Aber nur, bis das Abenteuer bestanden ist. Den Schoko-Karamell-Zopf teilt man höchstens mit seiner Prinzessin.

Auch in der guten alten Zeit, als Drive-ins noch mit echten Pferdestärken angesteuert wurden, aß man gern mal einen Snack, so zwischendurch, und kam dabei nett ins Gespräch:

»Hallo! Hallöchen! Ich brauch schnell 'nen schnellen Snack!« »Schneller Snack? Das ist doch hier kein Schnell-Imbiss! Hier ist alles noch hausgemacht, so wie meine Haselnuss-Tafeln!«

»Hm! Meine Güte! Ist das 'ne Köstlichkeit!« »Hm, ist ja auch kein schneller Snack, sondern hausgemacht! Mit besten Zutaten!« »Hm, hausgemacht! Was für ein Unterschied!«

»Eben hausgemacht!« Ho! Hanuta! Heute noch so gut wie hausgemacht!

Unter allen Mythen und Legenden, die eine süße Verdinglichung erfuhren, übt die Welt des schönen Schauers die größte Faszination auf kleine Näscher aus. Mit Hui Buh und Catweazle alleine ist bei den Jüngsten nicht mehr zu punkten. Da muss Grässlicheres her. Aus diesem Grund bevölkern ziemlich krasse Sonderlinge die Schocker-Abteilungen der Süßwarenregale.

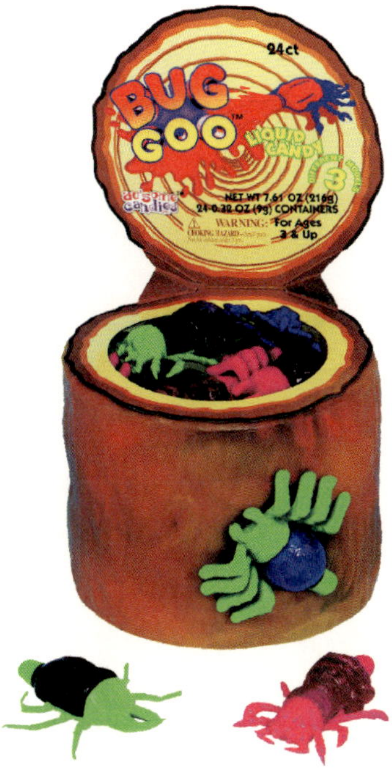
24ct
BUG GOO
LIQUID CANDY
NET WT 7.61 OZ (216g)
24-0.32 OZ (9g) CONTAINERS
WARNING:
For Ages 3 & Up

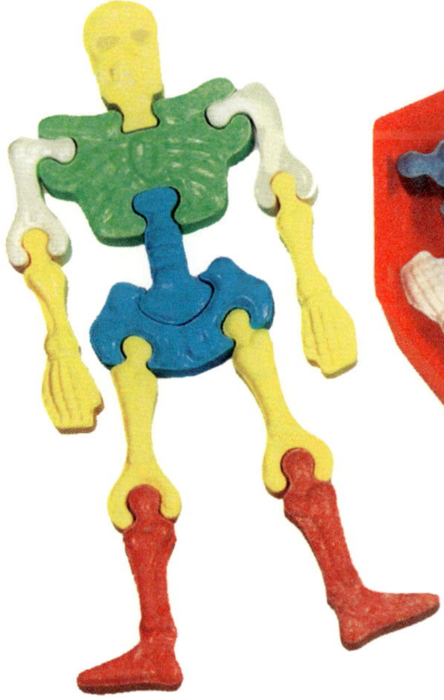

Glow in the Dark Skeleton

Matrix-Digitation-Deluxe: Wenn Tai und sein Rookie Agumon nicht gerade gegen Urzeit-Digis kämpfen, stärken sie sich mit einer Hand voll vitalisierender Schokolinsen.

Ich will keine

Schokolade …

Männer, Frauen, Süßigkeiten – eine leidenschaftliche Ménage à trois, die manchmal sogar Eingang in die Weltliteratur findet: »In Marias Hand begann es zu zischen und zu schäumen. Da brach der Waldmeister wie ein Vulkan aus. Da kochte, ich weiß nicht, wessen Volkes grünliche Wut. Da spielte sich etwas ab, was Maria noch nicht gesehen und wohl noch nie gefühlt hatte, denn ihre Hand zuckte, zitterte, wollte wegfliegen, weil Waldmeister sie biss, weil Waldmeister durch ihre Haut fand, weil Waldmeister sie aufregte, ihr ein Gefühl gab, ein Gefühl, ein Gefühl ...«

So anschaulich, wie Günter Grass das Kapitel »Brausepulver« in seinem Roman »Die Blechtrommel« in Szene setzt, ist die prickelnde Anverwandlung von Naschwerk selten beschrieben worden. Natürlich haben sich auch andere Kulturschaffende an diesem Sujet versucht und dabei recht eigenwillige, aber nicht minder empfindsame Interpretationen vorgelegt. Musikalischen Pretiosen wie »Mit Pfefferminz bin ich dein Prinz« stehen filmische Erkundungen wie »Chocolat« und »Bridget Jones – Schokolade zum Frühstück« gegenüber.

Die sinnliche Aura des Naschens lebt zu einem leckeren Teil von unseren Projektionen. Verheißungsvolle Namen becircen Romantiker und Karamellsüchtige gleichermaßen. Aus Goldstanniol und Glanzpapier flüstert es unentwegt »Baci«, »Mon Chérie« oder »Honey«. Aus einigen Schächtelchen auch »Grabower Küsschen«. Mondäne Vamps und Tangotänzer, laszive Badenixen und smarte Sonnyboys präsentieren uns die schönste Sache der Welt in all ihren Facetten und nutzen sie ungeniert, um ihre eigenen Verführungskünste abzurunden.

Doch was ist dran an der viel zitierten Verführungskraft? Nicht allein dem Marzipan wird eine betörende Wirkung nachgesagt. Auch Schokolade und Lakritz stehen als Lebenselixiere für große Emotionen. Als Süßholz ist Letzteres seit langem in unseren Breiten bekannt; nicht von ungefähr steht die Metapher des Süßholzraspelns für Schmeichelei. Wenn unsere Geschmacksnerven etwas erleben wollen und süße Befriedigung suchen, greifen wir statt zum Honig-Senf-Dressing oder zur Erdbeere zum Naschzeug. Das Geheimnis der stimulierenden Wirkung zuckriger Leckereien regte lange Zeit die Fantasie an. Inzwischen wissen wir um die Endorphine, jene Glückshormone, die bei Schokogenuss für gute Laune, Entspannung und Wohlbefinden sorgen. Ersatzweise kann man sich auch verlieben, der Körper produziert diese Stoffe dann von ganz allein. Und wenn's schief gehen sollte, ist nichts tröstlicher, als mit den Lieblingssüßigkeiten plus Kuschelrock Vol. 15 ins Bett zu flüchten.

Es ist schon ein bisschen her, da stand das Gras höher, und Männern waren Jogginghosen beim Rasenmähen noch unbekannt. Frauen sprangen ringelfrisch über die Wiesen, um ihren Schatz mit einem Schokoriegel zu erquicken. Dieser hatte es in sich: Seine drei Schichten gaben Ausdauer, Energie und neue Kraft. Ab 1975 machten sie dann mobil bei Arbeit, Sport und Spiel. Ideale Voraussetzungen, um auch den Vorgarten der Schwiegereltern in Schuss zu halten.

Sie immer wieder überraschen können – unbezahlbar.

Ihre Vorfreude...

die geglückte Überraschung...

der Genuß dieser guten Schokolade:

Grund genug für eine SAROTTI-Vollmilch.

Ist sie zu herb, bist du zu schwach. Keine Liaison, die nicht auch ihre bittere Seite hätte. Bei 60 Prozent Kakaoanteil und nur wenig Milch ist Schwarze Herrenschokolade die Visitenkarte des ganzen Mannes. Für alle anderen gibt's die helle Damenschokolade.

Words don't come easy – ein Gum sagt mehr als tausend Worte.

In jeder Beziehung:
Wer die Wahl hat, hat
die Qual.

So freimütig hat nie wieder eine Nascheinheit an die schönsten Gefühle des Menschen appelliert. Trotz »Schulmädchenreport« im Westen sind die Ostdeutschen in Sachen süßer Begehrlichkeit einfach die Fortschrittlicheren. Ein geschäumter Zweischichtriegel mit knackigen Erdnussstückchen in tabuloser Folierung für 0,90 Ostmark. Vom Sozialismus lernen heißt naschen lernen!

Man hätte auch mit einem renommierten Ernährungswissenschaftler für den Puffreis-Happen Nippon werben können. Schön, dass es anders kam.

nippon
PUFFREIS-HAPPEN
rolle

Bereits seit 1927 werden die PEZ-Zuckerl vertrieben, seit 1952 kann man sie auch in Dispenser füllen. Richtig legendär wird ihr Auftritt in den Händen des Candy-Girls, dem echte Models ihr Gesicht gegeben haben. Eine von ihnen ist Gerda Jahn, heute Friseurmeisterin in der Wiener Leopoldstadt. Über einen Bravo-Wettbewerb wird sie 1960 ausgewählt und verführt fortan mit ihrem charmanten Lächeln von Tausenden Automaten herab Näscher in ganz Europa.

Biedermänner und Properfrauen gehören der Vergangenheit an. Mit dem Einstieg in die turbulenten Siebziger erobert eine neue Generation von Vorzeigenäschern die Bildfläche. Nach dem Motto »Chancenlos, aber mit Schwung« oder »Ich bin ein Kernbeißer« empfehlen sich neue Männer als zeitgemäße Alternative zu den tradierten Rollenklischees. Natürlich geht die bunte Vielfalt auch an den restlichen 51 Prozent der Menschheit nicht spurlos vorüber. Frauen in psychedelisch gemusterten Minikleidern fordern gleichen Lohn für gleiche Arbeit und Selbstbestimmung über ihre Bäuche. Ein Aspekt im Kampf der Geschlechter aber ist bis heute unentschieden: die Herrschaft über die Pralinenschachtel.

Vom »Willst Du mit mir gehen«-Formular mit den Ankreuzmöglichkeiten Ja, Nein und Vielleicht bis zum ersten richtigen Date ist es eine ziemliche Zitterpartie. Dann aber gewusst wie! Einfach und doch raffiniert ist das Prinzip der Lakritzschnecke. Abrollen und von beiden Enden her aufeinander zu kauen, da kommt der Kuss von ganz allein.

Ritual und Technik

Es gibt viele Arten, Süßigkeiten zu essen. Schokis nach einem Griff in Omas Konfektschale hastig einzuwerfen ist eher die profane Version. Aufreißen, reinbeißen, wegschmeißen – das kann schließlich jeder. Der ambitionierte Näscher macht es sich nicht ganz so leicht, denn er weiß um die Komplexität süßen Begehrens. Erst mit raffinierten Ritualen und ausgefeilten Techniken stellt sich höchster Genuss ein, und den haben wir mitunter bitter nötig.

Denn die Meisterdenker der Moderne haben uns gelehrt, dass der Alltag voller Zumutungen steckt: Entfremdung, Anonymität, Entzauberung und andere Grässlichkeiten. Zum Glück ist der Mensch erfinderisch und zelebriert eine Vielzahl heimeliger Rituale, oft ohne es zu merken. Jeder kennt Situationen wie diese: Der Wecker piepst, und schon versucht man einige Minuten herauszuschinden. Tag für Tag entziehen sich so unfreiwillige Frühaufsteher millionenfach dem Morgenappell durch individuelles Draufhauen, Weghören, Zudecken, Angrunzen oder die Betätigung der Schlummertaste. Mit solchen Gewohnheiten halten wir das Leben überschaubar; zugleich bieten sie die Chance, sich dem Diktat der Normierung spielerisch entgegenzustemmen.

Süßigkeiten eignen sich besonders als Fluchthelfer. Am süßen Objekt erweist sich genialischer Einfallsreichtum, der die Einfuhr zuckriger Leckerlis mit einem ausgefallenen Dreh verbindet. Der Fantasie sind dabei keine Grenzen gesetzt. Fast jede und jeder hat eine ganz eigene Technik, die liebste Nascherei durch Falten, Bröseln oder Anpiksen zu traktieren. Es erfordert beispielsweise einige Zungenakrobatik, um einen Schokokuss nach allen Regeln der Kunst zu vertilgen – zuerst den oberen Teil vorsichtig anbeißen, dann den Schaum herausbaggern, ohne dabei die Wände zu zerstören, und schließlich den Waffelboden senkrecht in den Mund stellen und mit der Zungenspitze falten. Avantgardistischer Wagemut ist auch gefragt, wenn Hardcore-Kombinierer mixen, was sie beim Stöbern in Anoraktaschen und Küchenschubladen so finden. Im Laufe der Zeit werden sämtliche Farb- und Geschmacksvariationen ausgetestet. Ob Salzlakritz plus Gummibärchen oder Brausepulver mit Schokodragee – der experimentierfreudige Gaumen kennt keine Tabus.

Je ausgefallener die Kapriolen, desto größer das Glücksgefühl, wenn die liebste Süßigkeit zu guter Letzt ein ehrenwertes Ende findet. Im Übrigen erhöht solcherlei Geschmeidigkeit das Sozialprestige ganz enorm. Man sollte keine Gelegenheit auslassen, dem Publikum die eigenen Fertigkeiten im Umgang mit flutschenden, klebrigen oder sonstwie widerspenstigen Substanzen zu demonstrieren.

PEZ ex machina!

An den Flaschenhals geht es den unvergleichlichen Cola-Fläschchen. Wer wüsste nicht, dass man ihnen zuerst den Deckel abbeißt, bevor man sich dem Rest des Gummi-Flachmanns zuwendet! Dabei spielt es keine Rolle, ob man mit Club- oder Coca-Cola aufgewachsen ist.
Dass der Haribo-Teufel immer zuerst den Kopf verlieren muss, ist logisch: Im Kampf zwischen Gut und Böse darf es keine Kompromisse geben.

Ein besonderer Ritus lässt sich unter Weingummi-Jägern ausmachen. Für die zusammengetriebene Fauna in den launig bedruckten Verpackungsbeuteln gibt es kein Entrinnen. Zum Beispiel Weiße Mäuse: Um geschmacklich auf Touren zu kommen, erfordert es das Weidmannsritual, die putzigen Kerlchen zwischen den Zähnen und der ausgefahrenen Hand so in die Länge zu ziehen, dass sich ein unzweifelhafter Sieg über die Kohäsionskräfte des Nagerkorpus einstellt. Von Gummi-Schlangen und Sauren Würmern hört man Ähnliches. Geschichtete Krokodile und Frösche werden dagegen im Allgemeinen durch einen gezielten Biss per Haifischtechnik erlegt. Den Kopf leicht angewinkelt, das Reptil vor die Nase gehalten, wird die weiße Zuckerschaumschicht mit den Zähnen von der Unterseite des Geviechs geknabbert. Gründlich abgemümmelt schmeckt die verbliebene Rückenlage erst richtig gut.

Subtil geht es beim rituellen Verzehr der kleinen runden Kirsch-Lollis zu. Da die Stiel-Kirsche meist ein Bein aus Papier hat, wird nach dem abgelutschten Kirschkopf auch noch der zartgrüne Stängel zum Ziel der Begierde. Sobald sich der obere Teil des kleinen Griffels durch hartnäckiges Nachlecken anlöst, kann das eigentliche Vorhaben beginnen: Gerade so als wollte man eine gedrehte Zigarette anfeuchten, wird so lange gesuckelt, bis sich die Papierkante löst und der Stiel entrollt werden kann. Am Ende hat man ein Papierchen, das in verblüffender Weise den Zigarettenblättchen des großen Bruders ähnelt. Eine echte Trophäe!

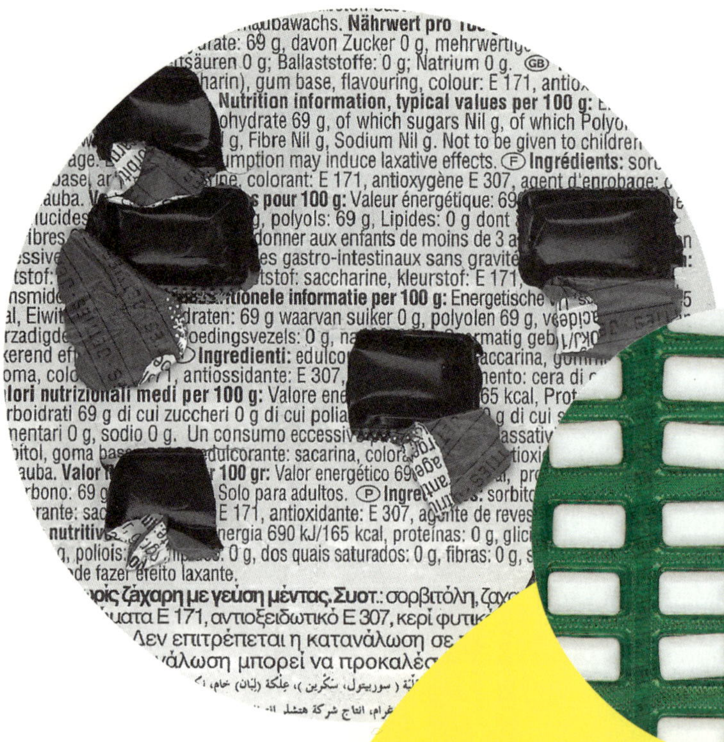

Echte Verpackungskünstler haben ein Faible für Peppermint-Jetties. Morgens um 7.00 Uhr, wenn den meisten Fahrgästen noch jeglicher Appetit auf ein üppiges Frühstück abgeht, kann man sie beobachten: gut gelaunte Pennäler, die sich in der U-Bahn hingebungsvoll zierlichen Kaugummi-Dragees widmen. Mit jedem neuerlich aus der Verpackung gedrückten Peppermint-Gum klaffen auf der rückseitigen Silberfolie kleine rechteckige Hohlräume. Mit ein wenig Fantasie entstehen die schönsten geometrischen Muster.

Trumpf-Schogetten: Die portionierte Schokolade in 18 mundgerechten Einzelstückchen hat große Strategen hervorgebracht. Geradezu magisch fordert die reihenförmige Anordnung der Schokofragmente zu einem packenden Käsekästchen-Duell heraus. Das Ziel des Spieles ist es – wir erinnern uns –, eine zusammenhängende Dreierkette wegzuschlemmen: senk-, waagerecht oder diagonal ist dabei völlig egal. Natürlich setzt der Gegner alles daran, diese Pläne zu durchkreuzen. Mit fiesen Manövern greift er just dann zur Schogette, wenn man kurz vor der Dreierkombination steht. Nur Miesmacher behaupten, das Rechteckformat führe sowieso zu Pattsituationen. Denkste! Die brillantesten Schogetten-Fans spielen sogar häufig gegen sich selbst.

Richtig kreiseln kann man mit den legendären Rundlutschern nicht. Ihr Potenzial liegt woanders. Erstens schmecken sie klasse. Und zweitens bietet ihre geriffelte Oberfläche alle Voraussetzungen, sich das Wohlwollen der Erwachsenen zu sichern. Im Zusammenspiel mit den Vorderzähnen erklingt beim Vor- und Zurückschieben des Lutschers ein satter Waschbrett-Sound.
Mardi Gras à gogo.

Nur wenige Verpackungsmaterialien haben ganze Grundschulklassen in ihrem technischen Verständnis derart beflügelt wie die durchsichtige Tic-Tac-Kassette. Die eierförmigen Minz-Minis waren ja an sich schon der Hit. Überhaupt schätzen Pädagogen das rhythmische Klackern mit dem letzten Tic Tac in der Kunststoffbox. Kein Wunder. Denn wer erst mal den Bogen raus hat, die schmale Dose in der Jackentasche wie ein Percussion-Instrument zu händeln, der wird besonders in Stresssituationen viel Freude an seinem wohl designten Klangkörper finden. Noch Tage nachdem dann auch das letzte Dragee gegessen war, ließen sich mit der leeren Schachtel Wasser, Sand und manchmal sogar Airfix-Soldaten durch die Gegend schleppen. Erst wenn die Plastiklasche durch ständiges Kippeln den Geist aufgab, war das Ende der Tic-Tac-Box gekommen.

Wie haben wir unsere Nachbarskinder verehrt, denen mittels eines gelochten Pfefferminzbonbons das Glück beschieden war, einen veritablen Pfiff durchs weiße Rund zu schicken. Meistens, das muss man der Wahrheit zuliebe sagen, blieb es jedoch bei einem Rauschen und Pusten. Die Tausendsassa unter den Erfrischungspfeifern waren die Vivilisten. Während die Fans der Marke Polo auf eine industriell gefertigte Öffnung in der Bonbonmitte zurückgreifen konnten, durften die Vivil-Anhänger ihre Meisterschaft durch behutsames Transparentlecken und anschließendes Durchbohren mit der Zungenspitze unter Beweis stellen. Echte Nervensache also.

Alle Köstlichkeit der Tropen: Seit 1962 begleitete uns Bounty durchs Leben. Es waren jene glücklichen Tage, als der ungekrönte Exot unter den Schokoriegeln die Bildfläche betrat und die zwei von Schokolade umhüllten Kokosriegel auf einer von außen nicht sichtbaren Pappschiene ruhten. Damals gehörte der Knacks beim Aufbrechen der Folie einfach dazu. Hatte man die leckeren Bounty-Hälften aus der blau-weißen Hülle befreit, bestand die Kunst darin, den Schokoladenüberzug vorsichtig mit den Zähnen von der Kokosfüllung abzulösen. War auch dies bewältigt, konnte man abwechselnd von Hülle und Fülle naschen.
Eines Tages jedoch verschwand – aus welchen Gründen auch immer – die Pappe und mit ihr der vertraute Knalleffekt. Es dauerte eine Weile, bis wir begriffen, dass die Ruhe vor dem Riegel dem Geschmack keinen Abbruch tat.

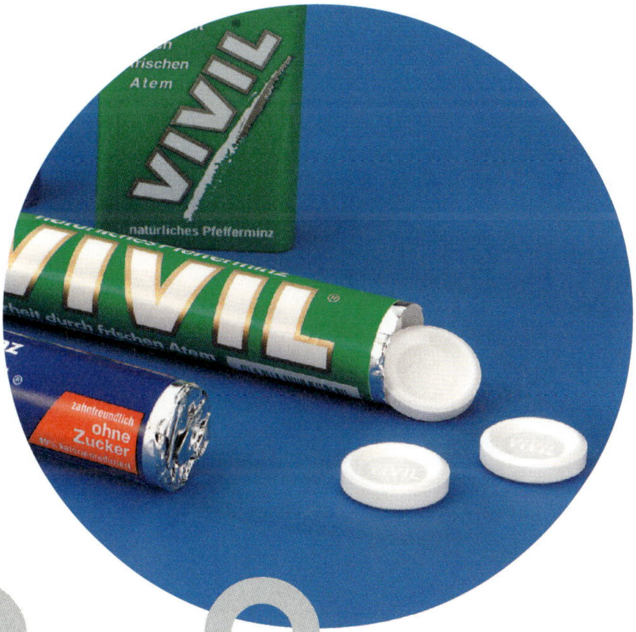

Ein begehrtes Schmankerl im Familienkombi ist das Esspapier. Hauchdünn, süß und am Gaumen schön klebrig, hat es alles, was einen angenehmen Reisebegleiter auszeichnet. Im Verkehrsstau etwa, wenn die Eltern den letzten Steuerbescheid debattieren, bewährt sich das köstliche Zellulose-Imitat bei der Kontaktaufnahme zur Außenwelt. Durchs hintere Seitenfenster wird die Solidaritätsbekundung mit den Wartenden in der Nebenspur vorbereitet: Gegen die Scheibe klopfen und abtauchen geht der Unternehmung natürlich voraus. Ist die Aufmerksamkeit einmal gewonnen, geht's richtig los: Geduckt wird ein einzelnes Esspapier auf die Zungenspitze geklebt. Durchs Fenster lässt sich jetzt mit einer winkenden Megazunge überschwänglich Sympathie mit den sichtlich Ermatteten bekunden.

Haben

oder

Nichthaben

Im Prinzip gibt es über Süßigkeiten jede Menge Erfreuliches zu sagen. Einen kleinen Schatten wirft jedoch der Umstand, dass man im Allgemeinen nicht so viel Naschzeug haben kann, wie man gerne hätte.

Wer sich im nächstgelegenen Supermarkt nicht eindecken will oder kann, fiebert daher jenen Anlässen entgegen, die der Habenseite ein leckeres Plus bescheren. Wie angenehm, darauf rechnen zu können, dass mit jedem Familienbesuch süße Präsente ins Haus stehen! Milde Gaben festigen soziale Bindungen und hinterlassen beim Empfänger einen wohligen Nachgeschmack. Und auch wenn sich das obligatorische Dankeschön bisweilen etwas verhalten äußert, so verbirgt sich dahinter doch stets verschämte Glückseligkeit.

Eine Variante des Schenkens ist das Zustecken. Solche spontanen Zuneigungsbekundungen der lieben Verwandtschaft geschehen für gewöhnlich nicht ganz uneigennützig. Im Gegenzug muss sich der Adressat mindestens einen Du-bist-aber-groß-geworden-Wangenkniff gefallen lassen.

Einem pädagogischen Impuls dagegen folgt das Belohnen. Mit allerlei süßen Prämien soll der jugendlichen Motivation Vorschub geleistet werden. So etwa beim turnusmäßigen Aufstieg vom Jung- zum Thälmann-Pionier oder nach dem bestandenen Seepferdchen-Schwimmabzeichen. Der Kategorie Persönlichkeitsbildung muss auch das Teilen zugerechnet werden. Unter dem Motto »Einer teilt, einer wählt«, wird an deutschen Küchentischen der Gerechtigkeit zum Sieg verholfen. Freilich findet die Parzellierung des Marzipanbrots unter notarieller Aufsicht der Erziehungsberechtigten statt, da andernfalls zivilisatorische Grundsätze leicht ins Wanken geraten.

Überhaupt sind Zuckerli-Desperados gerne bereit, ein wenig nachzuhelfen, wenn bereits ins Auge gefasstes Naschwerk nur zögerlich ausgeliefert wird. Der alten Nachbarin seine Dienste gleich mehrmals täglich anzubieten, in der Hoffnung, ihr Bonbonvorrat sei unerschöpflich, ist dabei nur eine Möglichkeit. Beim Krankenbesuch zwei Drittel der Leckereien zu verputzen, die eigentlich dem Rekonvaleszenten zugedacht waren, eine andere. Derlei Tricksereien können sich in Extremsituationen zum süßen Verbrechen aus Leidenschaft steigern. Ohne einen Hauch von schlechtem Gewissen werden heimgesuchte Bonbongläser wieder zurechtgeschüttelt, als ob nichts geschehen sei. Doch das kommt bekanntlich sehr, sehr selten vor.

Im wahren Sinne des Wortes freigebig erweisen sich jene Verwandtschaftsverhältnisse, die aus den unergründlichen Tiefen ihrer Damenhandtaschen allerlei Bonbons ans Tageslicht befördern. Der familiäre Empfängerstatus ist dabei nicht vom einstelligen Lebensjahrkonto abhängig. Ob 7 oder 47 – allzeit darf mit einer süßen Zuwendung gerechnet werden, heute so verlässlich wie vor 50 Jahren.

Schenken und an andere denken konnte man auch innerdeutsch. Wer seinen Lieben drüben eine Freude machen wollte, selbst aber keine Lust oder Zeit hatte, das Paket zu schnüren, konsultierte die Kataloge der ostdeutschen Geschenkdienst und Kleinexport GmbH, besser bekannt als GENEX. In den achtziger Jahren enthielten die Standard-Warenkörbe neben Zigaretten, Kaffee und Spirituosen auch jede Menge beliebter Süßigkeiten made in BRD. Für schlappe 114 000 DM konnte man der Ostverwandschaft zwar auch ein komplettes Fertighaus bestellen, aber mal ehrlich, eine Auswahl nussiger Mr.-Tom-Riegel dürfte bei der Cousine in Eisenhüttenstadt weitaus größere Begeisterung ausgelöst haben.

Gelegenheiten, sich erkenntlich zu zeigen, gibt es viele: ein blitzblank poliertes Auto oder eine 3+ in Mathe verdienen ein gewisses Maß an Wohlwollen. In der Hoffnung auf weitere Glanztaten ist ein großzügig dimensioniertes Bubble-Gum-Pack immer auch eine echte Investition in die Zukunft.

Das Volumen eines angemessenen Dankeschön hat in den letzten 50 Jahren deutlich zugenommen. Ist heute eine ganze Tafel die kleinste Recheneinheit, galt früher die Devise: von der Tafel die Hälfte, von der Hälfte ein Riegel, vom Riegel ein Stück und vom Stückchen die Hälfte.

Von fantastischen, knallbunten Süßigkeiten kann man eigentlich nie genug bekommen: Für die einen ist es Grafik, für die anderen die wohl leckerste Tapete der Welt.

Hüfa

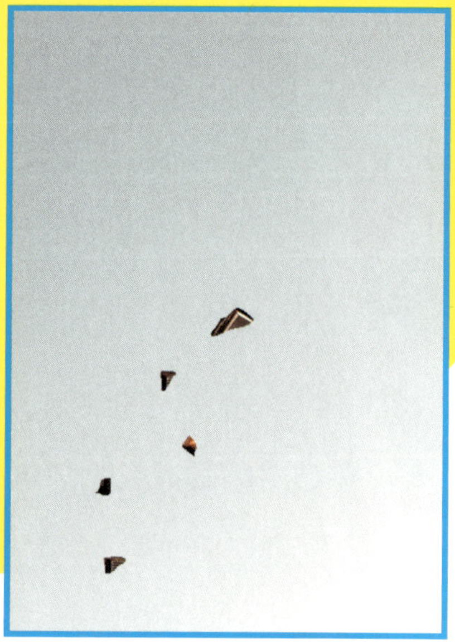

Seit Generationen sehen sich Eltern einem dubiosen Materietransfer ausgesetzt. Erstaunliches lässt sich aus Küchenregalen, Speisekammern, Kühlschränken und Vorratskellern vermelden: Der Schokoschwund geht um. Begleitet werden diese seltsamen Vorgänge nicht selten durch allerlei okkulte Escheinungen. In den Abendstunden zucken geheimnisvolle Lichtkegel durchs Kinderzimmer. Kleine Haufen aus Stanniol und Papier, die sich einige Tage später zwischen den Hörspielkassetten finden, erhärten den Verdacht, dass hier der Psi-Faktor am Werke war.

Es will nicht so recht zu unserem Bildungsideal passen, doch die Schule ist ein Hort süßer Vergehen. Hinter dem Rücken der Englischlehrerin spotten riesige Kaugummiblasen allen Bemühungen um das past perfect. Peng! Bei der darauf folgenden Razzia bleibt man unerkannt, weil das Kaugummi gekonnt unter der Zunge verborgen wird. Dennoch droht Enttarnung, wenn die gewiefte Lehrkraft bei den üblichen Verdächtigen auf prononcierte Konjugationen dringt.

Ungeteilte Freude kommt eigentlich nie auf, wenn zwei clevere Geschwister nur einer Tüte Schokolinsen gegenüberstehen. Für sich selbst die rosa Linsen zu beanspruchen gehört ebenso zum verinnerlichten Teilungsmodus wie die Ernüchterung darüber, dass die eigene Ausbeute am Ende garantiert drei Linsen weniger zählt als die weiße der großen Schwester. Dasselbe gilt auch für Mintkissen.

Mit Muskelkater

im Supermarkt

Nachts noch mal schnell zur Tankstelle, um den Heißhunger auf was Süßes zu stillen, das ist selbstverständlich im Zeitalter des Convenience-Shoppings. Kein Vergleich mit den Zeiten, als Rohstoffknappheit die süße Angebotspalette diktierte. Erst nach und nach kam die Süßwarenproduktion wieder in Schwung. Im Osten gekennzeichnet durch Verstaatlichung und Planwirtschaft, im Westen durch die Strukturen einer sich langsam globalisierenden Marktwirtschaft.

Neue Verkaufsstrukturen entstehen: Die ersten Einzelhändler müssen Selbstbedienungsläden weichen; Süßigkeiten bekommt man nicht mehr nur am Kiosk oder bei Tante Emma, sondern auch im Supermarkt. Das neue Einkaufsparadies fasziniert mit seiner Modernität und lässt den geselligen Laden um die Ecke bieder und angestaubt erscheinen. Dementsprechend verändern sich auch die Kaufgewohnheiten. Nicht so gravierend im Osten, wo das Angebot überschaubar bleibt und Schlangestehen zur Tagesordnung gehört.

In den Einfluss-Sphären des Wirtschaftwunders ist man dagegen gefordert, aus der endlosen Produktfülle auszuwählen und seine Lieblingsnäscherei auf Anhieb zu identifizieren. Da der erste Blickkontakt entscheidet, welche Süßigkeit im Einkaufskorb landet, kommt es auf eine offensive Präsentation an. Einerseits ist die strategische Platzierung entscheidend: Die Kassenzone wird fortan zum Ort kindlicher Dramen, wenn verlockendes Naschwerk den Weg säumt und Mutter sich partout nicht erweichen lässt.

Andererseits unternehmen die Hersteller alles, damit ihre Produkte ein unverwechselbares Image erhalten. Das Produktdesign setzt immer stärker auf die Profilierung verschiedener Artikel. Marketingabteilungen betreiben Marktforschung, um die Wünsche der Verbraucher zu kalkulieren. Werbekampagnen umfangen potenzielle Käufer mit einer fein abgestimmten Kombination aus großflächiger Plakatierung, Printanzeigen, Rundfunk-, Kino- und TV-Spots sowie Anreizsystemen aus Probierpackungen und Sammelpunkten. Im Idealfall entsteht eine mit spezifischen Eigenschaften aufgeladene Marke, die den Kunden an sich bindet. Mittlerweile ist es bei den Stars der Süßwarenszene üblich, ganze Markenfamilien ins Rennen zu schicken, um auch noch kleinste Nischen abzudecken. Zum Kernprodukt Schokoriegel gesellen sich Pralinés, Bonbons oder Eiscreme. Keine eingeführte Marke kann es sich leisten, zeitgeistige Trends und mediale Neuerungen zu ignorieren. Ein origineller Internetauftritt gehört heute einfach dazu, und wenn er nur bedeutet, über 100 000 Paten für eine virtuelle Kuh zu gewinnen.

Shopping-Guide mit integriertem IQ-Test.

Herr Kandulsky vom Kolonialwarenladen ist bei seinen treuesten Kunden ein gefürchteter Mann. Der wuselige Kleinunternehmer im grauen Kittel hat ein ausgeprägtes Eigeninteresse an seiner Ware. Fühlt er sich unbeobachtet, greift er, zum Entsetzen seiner jüngeren Klientel, völlig ungeniert in das große Glas mit den Kuhbonbons. Halb so schlimm, wären sie am Taschengeld-Zahltag nicht immer schon »ausverkauft«.

Der Schulweg bietet viel Muße, über die wirklich wichtigen Sachen im Leben nachzudenken. Bereits im 248er kann man ausrechnen, was beim Umsteigen für ein paar Groschen am Bahnhofskiosk so alles zu haben ist. Fatal, wenn man mit den vorbereiteten Rechenkünsten in der Schlange ganz hinten steht und die U-Bahn quietschend einfährt. Es ist nur ausgleichende Gerechtigkeit, wenn sich am nächsten Zeitungshäuschen herausstellt, dass es für die Hand voll Taler noch drei süße Teile mehr gibt.

Atemfrische im Wandel der Zeit.

Sing-Sing ist kein Erholungsheim: 1963 kreieren die Marketingstrategen der Firma Imhoff den Schokokrimi. Zur Tafel Herrenbitter gibt es das Heftchen mit den Abenteuern von G-Man Jerry Cotton. Mit Partner Phil Dekker und seinem Jaguar E Typ ist er ebenso herb und unbestechlich wie Imhoff-Schokolade. Eben ein knallharter Reißer!

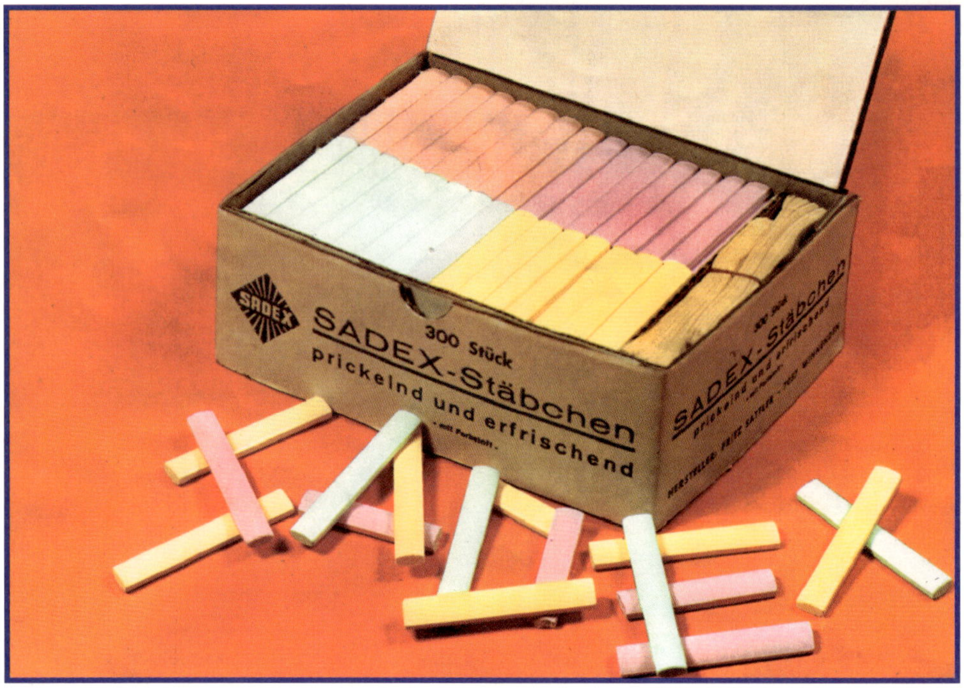

Masse mit Klasse: Wer Näschereien unters Volk bringen will, muss Blicke auf sich ziehen, sei es mit Schaukartons oder Verkaufsdisplays.

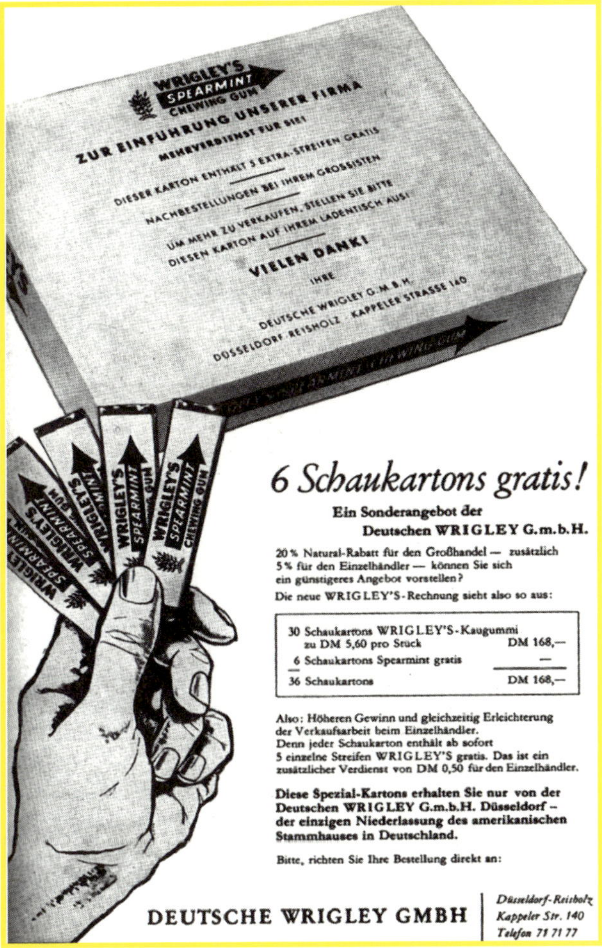
WRIGLEY'S SPEARMINT CHEWING GUM
ZUR EINFÜHRUNG UNSERER FIRMA
MEHRVERDIENST FÜR SIE!
DIESER KARTON ENTHÄLT 5 EXTRA-STREIFEN GRATIS
NACHBESTELLUNGEN BEI IHREM GROSSISTEN
UM MEHR ZU VERKAUFEN, STELLEN SIE BITTE
DIESEN KARTON AUF IHREM LADENTISCH AUS!
VIELEN DANK!
IHRE
DEUTSCHE WRIGLEY G.M.B.H.
DÜSSELDORF-REISHOLZ · KAPPELER STRASSE 140
6 Schaukartons gratis!
Ein Sonderangebot der
Deutschen WRIGLEY G.m.b.H.
20% Natural-Rabatt für den Großhandel — zusätzlich 5% für den Einzelhändler — können Sie sich ein günstigeres Angebot vorstellen?
Die neue WRIGLEY'S-Rechnung sieht also so aus:
30 Schaukartons WRIGLEY'S-Kaugummi zu DM 5,60 pro Stück DM 168,—
6 Schaukartons Spearmint gratis —
36 Schaukartons DM 168,—
Also: Höheren Gewinn und gleichzeitig Erleichterung der Verkaufsarbeit beim Einzelhändler.
Denn jeder Schaukarton enthält ab sofort 5 einzelne Streifen WRIGLEY'S gratis. Das ist ein zusätzlicher Verdienst von DM 0,50 für den Einzelhändler.
Diese Spezial-Kartons erhalten Sie nur von der Deutschen WRIGLEY G.m.b.H. Düsseldorf – der einzigen Niederlassung des amerikanischen Stammhauses in Deutschland.
Bitte, richten Sie Ihre Bestellung direkt an:
DEUTSCHE WRIGLEY GMBH
Düsseldorf-Reisholz
Kappeler Str. 140
Telefon 71 71 77

Küfa
der schmeckt
IN HYGIENISCHER VERPACKUNG
Küfa
der schmeckt
Küfa

KILOMÉTRICO ROLL
POKéMON
NEW characters
WITH 3D STICKERS
Super Bubble Gum

Wenn Großstadtkinder glauben, Rindviecher seien lila, liegt das an dem äußerst erfolgreichen Coup mit der Kuh. Schon um 1900 wurde Milka-Schokolade in Lila verpackt. Da man bis dato kein Genussmittel mit dieser Farbe assoziierte, bekam die Marke einen unverwechselbaren Touch.

Zur Perfektion wird die Markenpräsentation 1972 gesteigert, als die Kuh in den Mittelpunkt des Geschehens rückt, verbunden mit dem Slogan: »Die zarteste Versuchung, seit es Schokolade gibt.« Pop-Art pur, die zum Sturm auf Hitparaden und andere Höhenflüge ansetzt.

Wer hat's erfunden: Emil RIchterichs COnfiseriewaren aus LAufen bei Basel, besser bekannt unter dem Namen Ricola. Von der Miraculix-Mischung aus Spitzwegerich, Frauenmantel, Holunder, Eibisch, Pfefferminze, Thymian, Salbei, Schlüsselblume, Andorn, Bibernelle, Malve und Schafgarbe zur Sauna war es ein weiter Weg.
Wie die anderen Spots der leichthändigen Kampagne spielt die Finnen-Episode (selbst-)ironisch mit dem Klischee des pedantischen Schweizers, der in aller Welt das eidgenössische Urheberrecht am riffeligen Kräuterbonbon verteidigt. Sie enthält alle Zutaten, die ein zeitgemäßer Spot mitbringen sollte. Kontraste, Anspielungen und überraschende Brüche verwandeln das traditionsreiche Halsbonbon in ein hippes Lutschvergnügen.

»Was wollt ihr denn?« »Maaaaaaaaa-oooooooo-aaaam.« Mit diesem eindeutigen Votum enden die legendären TV-Spots aus den siebziger Jahren. Regelrechten Kultstatus erlangt der Werbeclip mit Schiri Walter Eschweiler.

Die Kampagne ist so erfolgreich, dass die »Kölnische Rundschau« 1973 von erstaunlichen Nebenwirkungen berichten kann. Irritierte Bürger befürchten, die Kindergärten würden von linksradikalen Erziehern unterwandert.

Sie halten das von den Kleinen rhythmisch skandierte »Maoam, Maoam« für einen Sprechgesang zu Ehren des chinesischen Revolutionsführers Mao Tse-tung.

SCHOKO
Bananen
GELEE

Berggold
EIER-WEINBRAND

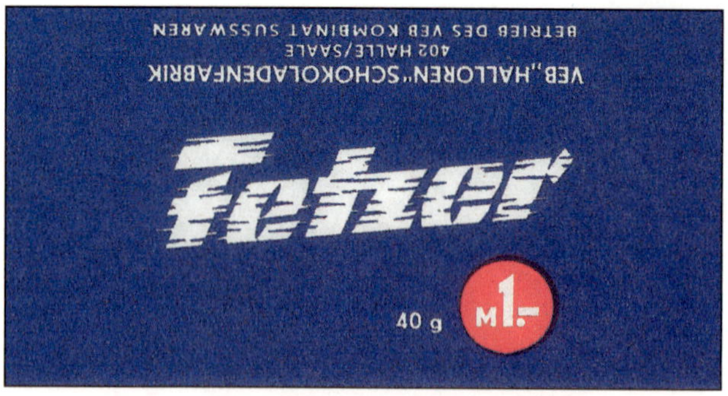
VEB „HALLOREN" SCHOKOLADENFABRIK
402 HALLE/SAALE
BETRIEB DES VEB KOMBINAT SUSSWAREN
40 g
M 1.-

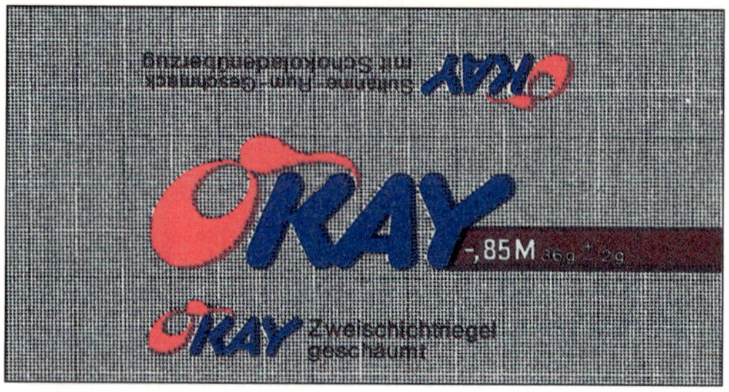
OKAY
Sultanine-Rum-Geschmack
mit Schokoladenüberzug
OKAY
-,85 M
OKAY Zweischichtriegel
geschäumt

VEB „HALLOREN" SCHOKOLADENFABRIK
402 HALLE/SAALE
BETRIEB DES VEB KOMBINAT SUSSWAREN
Frucht
Hit
36 g M
1,00

Halloren
Husten
DROPS
Halloren
Husten
DROPS

Halloren
Husten
DROPS
Halloren
Husten
DROPS

Pfefferminz
Halloren
FÜR SPORT UND WANDERN

DDR-Süßwarendesign wirkt auf uns heute charmanter denn je. Seinen Kultcharakter bezieht es aus reduzierter, klarer Formgebung und verhaltenem Dekor. Verführerisch lassen es die charakteristisch blassen Farben nicht gerade erscheinen. Brauchten sie seinerzeit auch nicht, denn das süße Produktdesign stand nicht unter Konkurrenzdruck. Als Hingucker musste es sich vor allem in den Schaufensterauslagen der HO- und Konsum-Märkte bewähren. Es ist sein unangestrengtes und geradliniges Erscheinungsbild, das dieses Produktdesign gleichermaßen liebenswert und zu einem nachgefragten Sammlerobjekt macht.

Buy, buy, baby...

Mach mal

Pause

Süßigkeiten entfalten ihr größtes Genusspotenzial, wenn man sich mit ihnen eine Auszeit gönnt. Wer bereit ist, sich von den intensiven Empfindungen in Gaumen und Großhirn forttragen zu lassen, kann etwas von den rätselhaften Eigenschaften der Zeit erfahren: Mal scheint sie sich wie Kaugummi zu ziehen, dann wieder zergeht sie so schnell wie Nougat auf der Zunge.

In der industriellen Moderne hat es mit der Zeit etwas Besonderes auf sich. Der Einzelne scheint immer weniger davon zu haben, während die menschliche Lebenszeit länger wird. Gleichzeitig regiert die Beschleunigung bis weit in die Sinne hinein: So wie es einst einem Schock gleichkam, als die ersten Eisenbahnen mit dreißig Sachen durch die Landschaft pflügten, mussten sich auch unsere Sehnerven innerhalb der letzten Jahrzehnte an krasse Temposteigerungen gewöhnen. Wer in den Fünfzigern noch Prickel-Pit schlemmte, dem wird es heute schwer fallen, den schnellen Schnittfolgen der MTV-Clips zu folgen. Dem Chupa-Chups-Schlecker der Gegenwart dagegen kommen die wilden »Beat-Club«-Folgen der Sechziger wie kuriose Slow-Motion-Veranstaltungen vor, in denen motorische Drop-outs durchs Studio stolpern.

Unser Arbeitsalltag wird durch hektische Rhythmen bestimmt, Mobilität führt zu einem ständigen Wechsel von Schauplätzen und Menschen. Mit dem Siegeszug des Digitalen beschleunigen sich die Kommunikationsflüsse in ungeahnte Dimensionen. Natürlich ist der Mensch stets bemüht, dabei auch Zeit für sich zu gewinnen, zum Beispiel mit technischen Errungenschaften wie Tiefkühlpizza oder bügelfreien Hemden. Als in den zwanziger Jahren der Schokoriegel erfunden wird, scheint er wie geschaffen als schnelle Zwischenmahlzeit für den eiligen Großstadtmenschen. Mittlerweile ist die Spaßgesellschaft jedoch selbst unter Zeitdruck geraten. Amüsierzwang und Fun-Aktionismus haben zur Folge, dass Nichtstun schwer fällt und wirklich freie Zeit als Langeweile daherkommt, die so schnell wie möglich hinter sich gebracht werden muss.

Dabei sind die Strategien der Entschleunigung wohltuend, je schneller das Leben wird. Freie Zeit ist ein kostbares Gut, und bevor der rasende Stillstand eintritt, ist es besser abzuschalten, die Füße hochzulegen und alles um sich herum zu vergessen: Have a break, have a KitKat.

9.50 Uhr: Auszeit scheibchenweise. Pünktlich mit dem Pausenzeichen bricht sich unter Gejohle eine 20-minütige Libertinage Bahn, die mit einer Stampede aus dem Schulgebäude fegt. Parallel zum Run auf die steinerne Tischtennisplatte schwärmen andere zum »Mädchen fangen die Jungs« inklusive Bützen aus. Wer zwischendurch noch eine herzhafte Eszet-Schnitte einfährt, ist für die anstehende Doppelstunde bestens gerüstet.

Inmitten der betriebsamen Aufschwungsjahre taucht 1954 ein Slogan auf, der von den Arbeitnehmern in der Bundesrepublik freudig begrüßt wird. Der weltweit größte Limohersteller fordert auf: »Mach mal Pause!« Von Getränke- und Naschwerkautomaten in den Betrieben flankiert und im Hörfunk mit dem Pausenpfiff angemahnt, wird die kleine Auszeit von nun an geradezu sprichwörtlich. Das soll einen natürlich nicht daran hindern, auch die große Freizeit in Anspruch zu nehmen, ob auf Balkonien, beim Promenadenkonzert, in der Badeanstalt oder im Stadtpark. Die Schokofabrikanten tragen ihren Teil zur Regeneration der Werktätigen bei und haben für jede Auszeit das Richtige im Angebot.

Machen Sie Picnic
Picnic
...jeder Bissen ein 5facher Genuß
Picnic ist ein Schokoladenriegel, wie es ihn kein zweites Mal gibt. Denn Picnic besteht aus fünf feinen Sachen – eine leckerer als die andere. Es ist diese einmalige Mischung, die Picnic so unvergleichlich macht. Außerdem: Picnic von Cadbury schmeckt nicht nur lecker, Picnic gibt auch schnell viel Kraft.
CADBURY
Picnic
5 gute Sachen mit jedem Bissen!
Jetzt 40 Pf
empf. Preis

Soll's gut sein – nimm
STOLLWERCK

Ritter

Nootje voor nootje een genot. In den fünfziger Jahren noch mit niederländischer Qualitätsgarantie versehen, merkt sehr bald auch der hiesige Näscher: »Nuts hat's«.

Eine naschgeschichtliche Zäsur epochalen Ausmaßes: Raider heißt jetzt Twix!

Als 1923 der Amerikaner Frank C. Mars einen gefüllten Schokobarren namens Milky Way erfindet, ahnt keiner, dass er damit eine Revolution im Naschwarensegment auslöst. Statt konventioneller Schokoladentafeln offeriert Mr. Mars einen griffigen Pausensnack für jedermann. Mit Schokomalzmilchnougat, Karamell und Schokolade ist der erste Schokosnack jedoch der Vorläufer des uns heute bekannten Mars-Riegels. Denn was wir hier zu Lande als Milky Way schätzen, hat eine andere Rezeptur und kommt erst 1965 auf den deutschen Markt.

George W. Bush
Al Gore
BBDO Düsseldorf
Wenn's mal wieder länger dauert...
SNICKERS
Und der Hunger ist gegessen.

Bitte beachten Sie die Beilage: Mit 38,2 Grad am Dienstag im Bett zu liegen und »Das Indische Grabmal«, Teil I, im Vormittagsprogramm zu genießen ist ein erster Schritt zur Besserung. Der Einwurf heilsamer Aktivlutscher kann jedoch bewirken, dass die Fortsetzungsepisode am nächsten Tag wegen Gesundheit ausfallen muss.

So sicher wie der Ostdeutsche in fideler Gemütslage zu Spreewaldgurken und F6-Zigaretten greift, so gewiss verlangt er bei Ermattungszuständen nach dem lachsfarbenen Beutel mit dem ovalen Kräutergarten zum Lutschen.

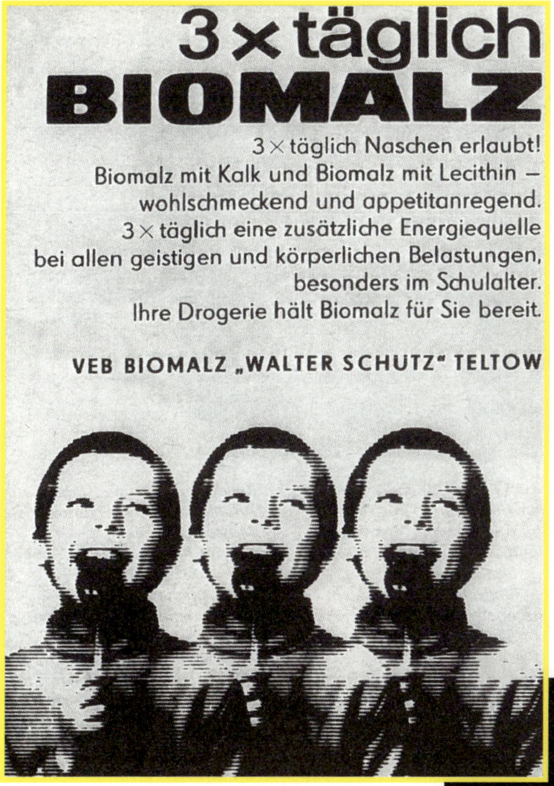

Kein Trick: Dreimal täglich Naschen erlaubt.

Wer erinnert sich nicht an Pippi Langstrumpf, wie sie sich mit ihren Freunden vergebens auf die Suche nach dem Spunk macht. Hätte sie mal gleich in einem gut sortierten Bonscheshop nachgefragt. Dort hätte man ihr sicherlich ein Schächtelchen mit dem unvergleichlichen Salzlakritz angeboten. Auch wenn dieses wegen seines hohen Salmiakanteils eigentlich nur für angeschlaffte Erwachsene ist. Übrigens: Pferde sollten damit nicht gefüttert werden.

Ein Ort, an dem das Warten kultiviert und die Pause zu einer Art Kunstform erhoben wird, ist das Kino. Der Sinn von Werbeblock und Vorschau besteht einzig darin, sich durch die voll besetzten Sitzreihen zu schieben, um an der Süßwarentheke ausreichend Naschwerk zu bunkern.
Was nicht ausschließt, auch während des Hauptfilms süße Akzente zu setzen. Wenn mutierte Riesenspinnen abgelegene Kleinstädte terrorisieren, tut es gut, sich und andere Kinobesucher mit einem kühnen Griff in die Knistertüte zu entlasten.

Action,

please

Süß relaxen – schön und gut, aber auch aktive Näscher möchten auf ihren Geschmack kommen. Jung, Schwung, Stimmung, Joghurette: Sportliche Bubblegummer, dynamische Minz-Einwerfer, globetrottende Riegel-Beißer gibt es zuhauf. Als Energiespender für den Extra-Kick werden Süßigkeiten schon früh entdeckt. Praktische Schokoquadrate werden 1932 eigens für die schlanken Taschen des Sportjacketts kreiert. Gut zwei Generationen vor der Einführung von Energy-Drinks kann jedoch niemand ahnen, dass Action-Fun und Power-Drops einmal zur Grundausstattung im Freizeitpark Deutschland gehören werden.

Die Aktivisten setzen sich zunächst behutsam in Bewegung. Auf der Suche nach naturverbundener sportiver Erholung treibt es die Bürger auf Drahtesel oder Motorroller zum Camping in die heimatlichen Naherholungsgebiete. Wenig später entdeckt man im Westen das Land der Capri-Fischer und freut sich im Osten auf subventionierten Urlaub in FDGB-Heimen. Ob mit Vater Staat oder Neckermann, immer weiter in die Ferne zieht es die Massen Richtung Schwarzes Meer, Ibiza und später gar bis in die Dominikanische Republik.

Egal wie viele Kilometer zurückzulegen sind, das Naschen unterwegs stimmt auf die Ferien ein. Ein Asphalt-Klassiker gebietet, auf der Fahrt zu Adria und Balaton nur wenige Kilometer nach dem Start begehrliche Blicke auf den süßen Reiseproviant zu werfen. Spätestens nach der ersten Tankstelle gehen alle guten Vorsätze weitsichtiger Vorratshaltung verloren und die ausgehungerte Reiseschar fällt über das mitgeführte Zuckerzeug her. Die größten Schokoriegel gehen an Vati, da der Fahrer bekanntlich »Nervennahrung« braucht.

Aber auch daheim bieten sich mannigfaltige Gelegenheiten, dem eigenen Bewegungsdrang nachzugeben. Genauso schön wie Sport zu treiben ist es, anderen dabei zuzusehen. Zum Beispiel beim Hochleistungsmitfiebern während Olympiade oder Fußball-Weltmeisterschaft, aber auch bei Wimbledon- und Tour-de-France-Triumphen heimischer Sportheroen. Idole wie Steffi Graf und Didi Thurau spornen an, sich im Alltag den Herausforderungen der eigenen Motorik zu stellen. Ist man in den Siebzigern auf dem Trimm-dich-Pfad noch der Einsamkeit städtischer Grünanlagen überlassen, versammelt man sich in den Achtzigern zur kollektiven Aerobic-Erfahrung vor dem Videogerät oder joggt mit der Betriebssportgruppe nach Büroschluss. Wer keine Lust hat, zeitgeistigen Körperkult auf Mega-Partys zu zelebrieren, wird heute auf Rollerblades zum Verkehrshindernis oder stürzt sich mit dem Bungee-Seil vom Baukran hinab. Schokis naschen gepaart mit ewiger Fitness zeugt von echtem Sportsgeist. Kein Wunder also, dass das Motto »größer, schneller, mehr« mittlerweile auch für Süßigkeiten gilt, die sich superlativ im XXL-Format präsentieren.

Schoko-Smileys für Raver
der ersten Stunde.
Don't worry, be happy.

Serengeti darf nicht sterben. Daher nehmen die meisten Entdeckungsfahrten vom Campingplatz ihren Ausgang in die umliegenden Rapsfelder. Natürlich kann nicht jeder mit Clarence um die Wette schielen oder dem Riesenalligator behände eine Maulsperre verpassen. Daher gibt es im Anschluss an die Begegnung mit der gemeinen Steinlaus eine Führung durch Muttis Privatzoo, der sich in seiner bunt gemusterten Kühltasche im Schatten des Wohnwagens eines erstaunlichen Artenreichtums erfreut.

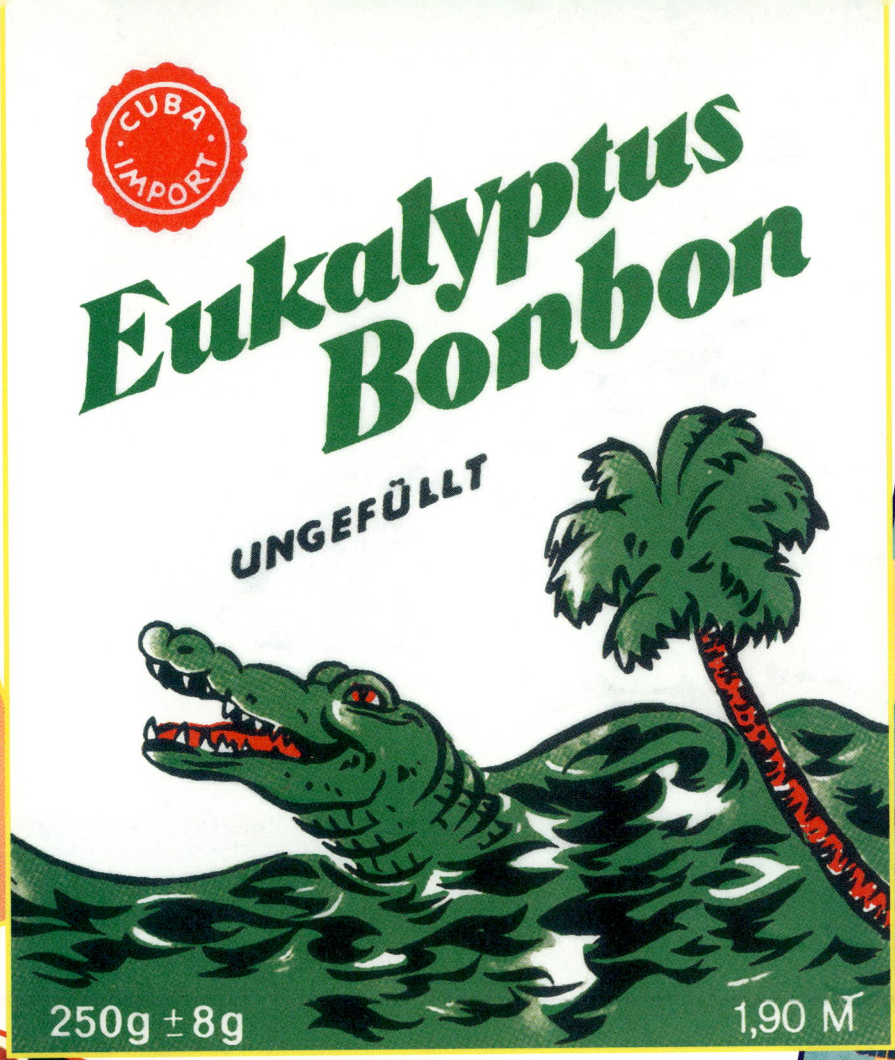
CUBA IMPORT
Eukalyptus Bonbon
UNGEFÜLLT
250g ±8g
1,90 M

DAS SUPERDING
MIT DEM SUPERGESCHMACK
WER MASH NICHT KENNT PENNT!!
VIVIL MASH
VIVIL MASH
6 STÜCK
Spearmint
Zitrone
Erdbeer
Spearmint

COCOS
IN SCHOKOLADE

Vom Reichswehramt als Fliegerschokolade in Auftrag gegeben, verleiht Scho-Ka-Kola, der famose Energizer aus der Dose, in den Fünfzigern Fernfahrern, Polizisten und Hausfrauen gleichermaßen den notwendigen Schwung. Den Königen der Landstraße sichert sie das Wohlwollen ihrer Spediteure, dem Auge des Gesetzes den Durchblick bei nächtlichen Streifengängen, und der modeorientierten Gattin versüßt sie in Kombi mit einer bunten Illustrierten selbst längste Sitzungen unter der Trockenhaube.

Ob Adi-, Kote-, oder Vitra-, es sind immer die Letten, mit denen man in der Clique ganz weit vorne liegt.

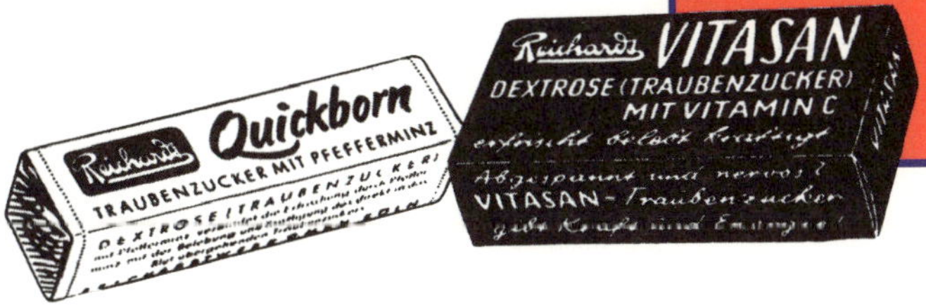

Eine besonders energiegeladene Naschepisode, die man sich an den Lagerfeuern des norddeutschen Air-Guitar-Festivals erzählt, handelt von der vielleicht absurdesten Klausel, die je in einer Konzertvereinbarung gestanden haben soll: Ende der Siebziger hatte sich die Band Van Halen vertraglich eine große Schale M&Ms backstage zusichern lassen, aus der zuvor alle braunen Schokonüsse herausgepickt werden mussten. Bei einem Konzert jedoch fand sich niemand zum Schokoerbsenzählen bereit, so dass die haarigen Musikanten daraufhin kurzerhand das Mobiliar demolierten, um ihrer süßen Forderung mit einem Schaden von 85 000 Dollar Nachdruck zu verleihen.

Mit einem Vogelfutter ähnlichen Namens hatte Vitasan natürlich nichts zu tun, beflügelnd wirkte es aber trotzdem. Spannkraft verlieh auch Quickborn, der Jungbrunnen aus Traubenzucker mit Pfefferminz.

Ein Selbstläufer bei Bundesjugendspielen: Unmittelbar vor den 50 Meter Hürden noch schnell einige Täfelchen DE einwerfen. Die Ehrenurkunde war damit so gut wie in der Tasche.

Frittieren geht über studieren: Nur wer ordentlich durch die Gegend tobt, Kopfstandperspektiven nicht scheut und sich dabei auch mal windschnittig aufs Surfbrett schnallt, bringt die fruchtigen Kaustreifen auf die richtige Verzehrtemperatur. Körperwarm und weich lassen sie sich nämlich am besten zur mundgerechten Rolle formen.

Du darfst: Schon 1968 will frau so bleiben, wie sie isst.

Der Stoff, aus dem
Legenden sind …

1951 kommt die neue Stollwerck Cola-Sport auf den Markt. Nur drei Jahre später – der Regen rinnt, und Rahn muss schießen – geschieht das Wunder von Bern. Zufall?

Mexiko, mi amor – während des gesamten Turniers glänzt die deutsche Equipe so gut wie nie; den Traumfußball spielen immer die anderen. Erfrischungs-Stäbchen sind zur WM '86 daher genau das Richtige. Während sich die Mannschaft von Runde zu Runde stolpert, bewahren sich die Fans ihren Frohsinn mit flüssig gefüllten Schokostecken. Als dann doch noch das Finale erreicht wird, tropft so manchem Fan die köstliche Füllung auf die Schuhe. Verständlich! Bei so viel Verblüffung kann es schon mal passieren, dass in der Sekunde glückseligen Staunens nicht rechtzeitig nachgebissen wird!

In den roaring seventies scheucht Kicker-Guru Weissweiler seine Fohlen aus Gladbach von einem deutschen Meistertitel zum anderen. Sein Credo: »Gemütlichkeit kenne ich nicht.« Wir schon, Stück für Stück.

Einen Vorgeschmack auf künftige Leistungen gibt 1956 eine süße Sonderedition aus dem Hause Halloren zum II. Deutschen Turn- und Sportfest, mit dem in Leipzig das neue Zentralstadion für 100 000 Zuschauer eingeweiht wird. Die Botschaft ist klar: Nicht nur am Reck allererste Sahne.

Genuss ohne Handicap.

Unser herzlicher Dank gilt allen, die den Weg dieses Buches von der ersten Recherche bis zu den Druckfahnen begleitet haben.

Ganz besonders möchten wir uns bei Rainer Haertel, Eva und Peter Schubert, Imke Sörensen und Ulrike Theilig bedanken, ohne deren Hilfe, Mühe und Geduld dieser Band nie erschienen wäre.

Ein weiteres großes Dankeschön für eine durchgängig kritische Begleitung und tatkräftige Unterstützung geht an Heidrun Otto, Katarina Roters und Matthias Sommer.

Stellvertretend für alle, die uns Material und ihre Erinnerungen zur Verfügung gestellt haben, möchten wir insbesondere Christiane und Simon Boese, Eckart Eisenblätter, Ulrich Forchner, Luise Haertel, Robert Horst, Monika Hübener, Gerda Jahn, Tatjana Kirchner, Gunda Lorenz, Verena Mayer, Eka Neumann, Kai Novak, Armin Orant, Dina Quttaineh, Dr. Jeanne Rehnig, Ines Ruf, Sabine Schneiders, Patrick Schubert, Dr. Markus Verweyst, Tina Westphal, Ingrid Wenker, Margarete, Wolfgang und Roman Wolf danken.

Abschließend bedanken wir uns bei folgenden Institutionen für ihren sachkundigen Rat und die großzügige Nutzung ihrer Archive:

Bundesverband der Deutschen Süßwarenindustrie e.V., Bonn, Herr Dr. Erbrath; Dokumentationszentrum Alltagskultur der DDR e.V., Eisenhüttenstadt, Herr Ludwig; Imhoff-Stollwerck-Museum, Köln, Herr van Almsick; Info-Zentrum Schokolade, Leverkusen, Herr Funke; KölnMesse, Köln, Frau Hackmann; Museum der Dinge / Werkbundarchiv, Berlin, Renate Flagmeier; Zucker-Museum, Berlin

Berlin, im Juli 2002

Bildnachweis

Alfred Ritter GmbH & Co. KG, Waldenbruch: S. 13 Ritter Sport; S. 69 Anzeige mit Gewichtheber; S. 107 Pralinenschachtel mit Mädchen

Bund der Deutschen Süßwarenindustrie e.V., Bonn: S. 5 Bonbons (Hersteller Storck GmbH & Co. KG); S. 6 Nougat (Hersteller Viba Süßwaren GmbH); S. 16 Speck; S. 31 Schokoküsse (Hersteller Dickmann's)

Info-Zentrum Schokolade, Leverkusen: S. 16 Kaugummis (BDSI, Bonn); S. 85 Schokoriegel; S. 88 Schokotafeln

Schokoladenwerk Berggold GmbH, Pössneck: S. 100 Eier-Weinbrand

Bodeta Süßwaren GmbH, Oschersleben: S. 7; S. 8; S. 27 Küken; S. 50 Sputnik; S. 101 Marmorkugeln, Pfefferminzkugeln, Kiebitzeier

Chupa Chups van Melle Süßwarenhandel GmbH & Co. KG, Bonn: S. 58 Totenkopf; S. 65 Werbeplakat

DOK Handelsgesellschaft mbH & Co. Kindersüßwaren KG, Freilassing: S. 17 Sour Spray; S. 51 Clicker Licker, Power Pop; S. 58 Halloween-Lutscher; S. 59 Bug Goo, Skelett mit Sarg; S. 97 Pokémon-Aufsteller

Eduard Edel Bonbonfabrik, Donauwörth: S. 36 Waldmeister Bonbon-Blätter

Ferrero oHG mbH, Frankfurt/Main: S. 14 Rocher; S. 35; S. 53; S. 57; S. 78 TicTac

Forchner-Grafik, Leipzig: S. 27 Bambina; S. 116–117 Cocos in Schokolade

Frigeo-Werk Beltle GmbH u. Co., Kernen bei Stuttgart: S. 4–5 Füße; S. 15; S. 17 Tubble Gum; S. 37 Brausestangen; S. 80; S. 112 Puffreis; S. 126

Goldeck Süsswaren GmbH & Co. KG, Zeitz: S. 23 Zetti Knusper-Flocken

Grabower Süsswaren GmbH, Grabow: S. 24 Mokka-Sahne-Waffelröllchen (Hersteller Tomala Waffelspezialitäten GmbH, Kühren-Burkartshain)

Rainer Haertel, Labenz: S. 13 Foto Toblerone (Hersteller Kraft Foods Deutschland GmbH & Co. KG, Bremen); S. 14 Foto Münzen (Hersteller unbekannt); S. 28 Foto Smarties (Hersteller Nestlé Chocoladen GmbH, Frankfurt/Main); S. 30 Foto (Hersteller diverse); S. 36 Foto Salmis (Hersteller unbekannt); S. 50 Foto Ufos (Hersteller unbekannt); S. 70 Foto Lakritzschnecke (Hersteller Haribo GmbH & Co. KG); S. 76 Foto Peppermint Jetties (Hersteller Hitschler International GmbH); S. 94 Foto Sahne Muh Muhs (Importeur Alfred Vest + Co. GmbH, Hamburg); S. 119 Foto m&m-Spender (Sammlung Eva Schubert, Hamburg)

Halloren Schokoladenfabrik GmbH, Halle/Saale: S. 11; S. 23 Halloren-Kugeln; S. 65 Nasch mich; S. 74 Cola-Fläschchen; S. 100 Schoko-Gelee-Banane, Fetzer, Okay, Hit, Pfefferminz für Sport und Wandern; S. 101 Gelee-Birnen; S. 116 Kokosflocken; S. 117 Eukalyptusbonbon; S. 124 Sahne-Bonbons

Haribo GmbH & Co. KG, Bonn: S. 2; S. 5 Goldbären; S. 14 Lakritzzylinder; S. 29; S. 50 Mond; S. 51 Rakete; S. 74 Teufel, Maus; S. 74–75 Frösche; S. 94 Kirsche, Dinosaurier, Ananas, Weintraube; S. 99

Automatenaufstellerin Monika Herstowski, Berlin: S. 41 Automat (Hersteller Maidhof-Vendors)

Hitschler International GmbH, Köln: S. 12 Schnüre; S. 85 Super-Mix

hosta Werk für Schokoladen-Spezialitäten GmbH & Co., Stimpfach: S. 66–67; S. 84

Imhoff-Stollwerck-Museum, Köln: S. 22–23 Werbefilme Knuspergold; S. 64 Schwarze Herrenschokolade; S. 69 knick und iss, Kernbeißer, S. 95 Schoko-Krimi; S. 106 Werbefilm Sarotti; S. 107 Sonnenbadende; S. 112 Stollwerck-Kinowerbung; S. 119 Quickborn, Vitasan; S. 122 Cola Sport

Gerda Jahn, Wien: S. 68 Bravo-Anzeige, Gerda Jahn vor Automaten, Diners-Girl mit Schürze

kadó – authentic flavours, Berlin: S. 111 Spunk (Foto Dirk Sobol, www.sobol.de)

Katjes Fassin GmbH + Co. KG, Emmerich: S. 1; S. 112 Katjes; S. 128

Klosterfrau Vertriebsgesellschaft mbH, Köln: S. 110 Krügerol

KölnMesse GmbH, Köln: S. 58 Halloween-Augen (Hersteller Hans Riegelein & Sohn GmbH & Co.); S. 60 (Hersteller BIP Holland, B.V.)

Kraft Foods Deutschland GmbH & Co. KG, Bremen: S. 98 Lila Kuh, Ötzi, Martin Schmitt; S. 114

Küfa-Werk GmbH & Co. KG, Dörentrup: S. 42; S. 75 Stiel-Kirschen; S. 77; S. 83; S. 86-87; S. 97 Küfa-Aufsteller; S. 127 Lutscher

Kuroczik Alimarca GmbH, Mülheim/Ruhr: S. 17; S. 37 Muschel; S. 43 Uhren und Ketten; S. 48; S. 54–55

Ludwig Schokolade GmbH & Co. KG, Aachen: S. 24 Edle Tropfen; S. 52 Praletten, Werbefilm; S. 94–95 Kinder vor Schaufenster; S. 120 Fritt-Surfer

Masterfoods GmbH, Viersen: S. 63 Mars-Anzeige; S. 79 Bounty; S. 108 Raider, Milky Way; S. 109

Mederer Süßwarenvertriebs GmbH, Fürth: S. 59 Vampirzähne; S. 104

Museum der Dinge/Werkbundarchiv, Berlin: S. 28 Hustinettenbär; S. 40 Wrigley's-Automat

nappo-dr. helle & Co. GmbH & Co. KG, Krefeld: S. 12 Nappo; S. 32 Schoko-Kapseln; S. 52 Moritz-Eis-konfekt

Nestlé Erzeugnisse GmbH, Frankfurt/Main: S. 26; S. 46 Die Weisse, Rolo; S. 106 KitKat; S. 108 Nuts; S. 116–117 Lion

Sammlung Kai Novak, Berlin: S. 46 Caramac (Hersteller Nestlé Chocoladen GmbH, Frankfurt/Main); S. 49 (Hersteller Ferrero oHG mbH); S. 56 (Hersteller Mars Schokoladen GmbH, Düsseldorf); S. 115 (Hersteller Mars Schokoladen GmbH)

Sammlung Armin Orant, Hamburg: S. 68 PEZ-Werbung gelb (Rechte bei PEZ International AG, Traun/Österreich)

PEZ International AG, Traun/Österreich: S. 68 PEZ-Packung; S. 73

Pfeffi plus e. K., Beucha bei Leipzig: S. 39

Piasten Schokoladenfabrik Hofmann GmbH & Co. KG, Forchheim: S. 90 Schoko-Linsen

Pit Süsswaren- und Nährmittelfabrik Hoffmann GmbH & Co. KG, Stephanskirchen: S. 38

Procter & Gamble GmbH, Schwalbach: S. 110 Wick

Ragolds Süsswaren GmbH + Co, Karlsruhe: S. 62; S. 95 Rachengold/Eukagold, Schaufenster

Sammlung Dr. Jeanne Rehnig, Berlin: S. 97 Wrigley's-Plakat

Ricola AG, Laufen/Schweiz: S. 98 Finnen-Werbung

Katarina Roters, Berlin: S. 40 Foto Storck-Automat; S. 41 Foto Kinder

Sadex Zuckerwarenfabrik GmbH, Winnenden: S. 96

Sammlung Eva Schubert, Hamburg: S. 18 nimm2 (Hersteller Storck GmbH & Co. KG); S. 25 (Hersteller Ferrero oHG mbH); S. 63 Sarotti-Anzeige (Hersteller Sarotti); S. 89 Bubble Yum (Hersteller unbekannt); S. 93 (Hersteller Storck GmbH & Co. KG); S. 107 Picnic (Hersteller Cadbury); S. 111 Biomalz (Hersteller VEB Biomalz »Walter Schütz«, Teltow); S. 112 Chocolat Tobler (Hersteller Tobler); S. 116 Babaloo (Hersteller unbekannt); S. 117 Vivil Mash (Hersteller Vivil A. Müller GmbH & Co. KG); S. 118 Vitraletten (Hersteller Beckerwerk Fulda GmbH, Fulda); S. 119 Dextro-Energen (Hersteller Deutsche Maizena-Werke, Hamburg); S. 120 Fritt-Kinder kopfüber (Hersteller Trumpf), Maltesi (Vertreiber Mars Schokoladen-vertriebs GmbH, Düsseldorf); S. 121 (Hersteller Wrigley GmbH); S. 123 (Hersteller Stollwerck AG)

Stollwerck AG, Köln: S. 22 TeleBar; S. 105; S. 118 Scho-Ka-Kola; S. 122 Erfrischungs-Stäbchen; S. 124 Golf

Thüringer Schokoladenwerke Beteiligungsges. mbH, Saalfeld: S. 5 Thüringer Spezialitäten; S. 21

Trawigo GmbH & Co. KG, Würselen: S. 44; S. 45; S. 64 Sweet Love; S. 94 Lutscher; S. 102; S. 125

Viba Süßwaren GmbH, Floh-Seligenthal: S. 90 Mintkissen

Vivil A. Müller GmbH & Co. KG, Offenburg: S. 79 Vivil

Tina Westphal, Hamburg: S. 31 Fotos Kinder

Wissoll Wilh. Schmitz-Scholl GmbH Schokoladen- und Zuckerwarenwerke, Mülheim/Ruhr: S. 34; S. 127 Blockschokolade

Wrigley GmbH, Unterhaching: S. 89 Big Red, Orbit, Juicy Fruit

Wir haben uns bemüht, in allen Fällen die Rechteinhaber zu ermitteln. Sollten wir trotzdem jemanden vergessen haben, wenden Sie sich bitte an den Europa Verlag.

mit
6 Frucht
Sorten
Katjes
mit
Farbstoff
Joghurt-Gums
echt von Katjes
Fruchtgummis -- aus dem Katjes-Werk Deutschland